内化
发展
引领

张 珂 / 编著

北京燕山出版社
BEIJING YANSHAN PRESS

图书在版编目（CIP）数据

内化 发展 引领 / 张珂编著. —— 北京：北京燕
山出版社，2019.12
ISBN 978-7-5402-5487-2

Ⅰ. ①内… Ⅱ. ①张… Ⅲ. ①小学语文课—教学研究
Ⅳ. ①G623.202

中国版本图书馆CIP数据核字（2019）第278580号

内化 发展 引领

编　著	张　珂	
责任编辑	满　懿	
出版发行	北京燕山出版社	
地　　址	北京市丰台区东铁匠营苇子坑138号C座	
电　　话	010-65240430	
邮　　编	100079	
印　　刷	北京虎彩文化传播有限公司	
经　　销	新华书店	
开　　本	170mm×240mm　16开	
字　　数	275千字	
印　　张	15.25	
版　　次	2022年6月第1版	
印　　次	2022年6月第1次印刷	
定　　价	45.00元	

深圳市张珂名师工作室

　　深圳市张珂名师工作室于2015年12月由深圳市教育局批准成立，现有成员18人。工作室秉承"本真语文"，以"目标教学"为焦点，致力于儿童阅读推广。成立至今，承担区级以上教研活动10多次，承接省级骨干教师跟岗学习项目数次，并多次赴外开展送培送教活动。开发市级继续教育课程6门，完成48学时授课任务，面向全市培训小学语文教师2000余人次。工作室发展的同时，成员也在不断发展：有4人评定高级职称，2人评定南粤优秀教师，5人次在市区年度教师评审中获奖；省级以上竞赛获奖10余项，并囊括三年来区级小学语文学科所有重要竞赛的第一名。

张　珂

　　本真语文名师工作室主持人，中小学高级教师，深圳市名师，深圳市高层次人才（后备级），深圳市教师专业发展基地"首席专家"，坪山区学科带头人，广东省骨干教师培养对象，市级继续教育课程授课教师，获"广东省南粤优秀教师""深圳市先进教育工作者""坪山区年度教师"等荣誉称号。秉承"本真语文"理念，关注"语文素养目标教学"，教学风格独特，获全国、省、市、区等各级阅读教学、习作等类别课堂教学竞赛一、二等奖近10项。主持多项省、市、区级习作及目标教学课题并获科研成果奖，出版教育专著3部，20多篇论文在专业期刊发表或被教育专著收录，获多项评比一等奖。关注"绘本教学"，推广"亲子共读"，成为入选深圳读书月"十大阅读推广示范项目"唯一的校园项目。

庄泳程

坪山区实验学校教师，中小学高级教师，深圳市高层次人才（后备级），深圳市中青年骨干教师，坪山区学科带头人，宝安区原骨干教师，教育部"西部教育资源开发项目组"特聘教师。2017年深圳市"年度教师"、广东省"南粤优秀教师"。从教20多年，专注语文教育智慧研究，提倡语文教学要有生活的链接和文化的浸染，出版专著《行走在字里行间》。在《小学语文教学》《语文教学通讯》等刊物发表论文20多篇，获得广东省教学能力比赛一等奖及其他奖项，主持《小学语文文本解读案例研究》等省市级课题。

张其龙

坪山区坑梓中心小学教研室副主任，中小学高级教师，深圳市优秀班主任，国家教育行政学院第五十五期基础教育改革动态专题研修班学员。从教23年，坚守语文教学第一线，多篇论文获省一、二等奖，微课、教学反思、教学设计、命题等荣获市、区奖励10余次，长期参与各级课题研究，大胆探索有效课堂教学模式，多次承担研讨课、示范课、讲座，指导多名青年教师快速成长，多篇教育教学论文在杂志发表。

赖婉茹

坪山区实验学校办公室主任，中小学高级教师，坪山区优秀教师。从教19年，一直坚守在小学语文教学第一线，致力于语文教学的研究和探索。积极参加各级各类教学竞赛，获广东省第二届中小学教师微课大赛一等奖、广东教育学会论文评比三等奖、坪山区第四届论文评比二等奖，主持的课题获区教育教学优秀科研成果评比二等奖。

谭俏娟

坪山区坑梓中心小学教师，坪山区教坛新秀，坪山区优秀班主任，广东省骨干教师培训班学员。获广东省录像课评比二等奖、区阅读教学比赛一等奖以及市、区口语交际课比赛一等奖。在区思品、道德与法制学科说课及教学比赛中均获特等奖。坚持研究，论文《新课标下的古诗词教学》获广东省"十一五"规划课题论文评比二等奖，参与多项课题研究，探讨教学的新方法，有效提高学生的学习兴趣和课堂的实效性。

杨翠蔓

　　龙岗区龙高（集团）东兴外国语学校教师，坪山区优秀班主任。积极参加课改研究，课堂教学风格独特，多次执教市、区级示范课、研讨课。开发系列班级特色课程，主编出版学生习作集《蜜蜂心语》，获区科研成果奖。参与市、区级课题研究多项，获区班主任技能大赛一等奖，并在课堂教学、论文评比等各类竞赛中获多项奖励。

李月云

　　坪山区坑梓中心小学教师。积极参与课改研究，参加多项课题研究，曾在市级继续教育培训课程中执教示范课，大力推行"小组自主合作"学习模式，多篇教育论文在专业期刊发表。曾获广东省教学设计比赛三等奖、深圳市阅读教学大赛二等奖、深圳市优质课例视频微课三等奖、深圳市古诗词吟诵比赛三等奖、坪山区课堂教学比赛第一名、坪山区班主任技能大赛一等奖、坪山区教师吟诵比赛一等奖。指导学生在2017年"赏经典·读名著"讲故事比赛中获"故事大王"称号。

程圣芬

　　龙华区玉龙学校教师，广东省优秀少先队辅导员。获2015年深圳市小学语文技能大赛二等奖，多次获得市、区级阅读课、说课、论文评比等各类奖项，曾在市级继续教育培训课程中执教示范课。作为一线教师，在教育教学过程中时刻关注学生的过程性成长，善于在课堂教学中创设情境，设计合理、合情的教学活动，引导学生学会思考、学会学习、学会合作。

付　薇

　　坪山区龙田小学少先队辅导员，香港浸会大学研究生。大力推广"学生幸福小组合作"教育教学模式，获区思品教师基本功比赛一等奖、区小学语文教师基本功比赛一等奖、区语文教师诵读比赛一等奖。课例《蚊子与狮子》入选教育部"一师一优课，一课一名师"。注重班级建设，班会课例《合作伴我行》获得深圳市班主任德育示范课例初中组优秀主题班会奖、区"学生幸福小组合作"班会录像课一等奖。推广儿童阅读，指导学生吟诵的节目获深圳市、坪山区双料特等奖，其个人荣获深圳市读书月经典诵读指导教师特等奖。积极探索少先队组织建设，获广东省少先队辅导员风采大赛一等奖，作为广东省少工委六届七次全会委员参与广东省少先队工作探讨。热心公益，获广东省五星级志愿者、深圳市五星级义工等荣誉称号，曾赴新疆支教一学期。参与2011年深圳世界大学生运动会开、闭幕式演出。

曾　鹏

　　坪山区龙田小学教师，硕士研究生学历，坪山区优秀辅导员。积极参与各级课题研究和实践探索，在省级以上刊物发表论文数篇，德育论文获2015年广东省中小学德育科研成果二等奖，另获坪山区"新教育杯"录像课比赛二等奖。组织学生参加区级以上文字类比赛获奖40余次，指导学生在区经典诗文朗诵比赛中获一等奖。

黄雅丽

　　坪山区坑梓中心小学少先队辅导员。积极参加教研，参与多项课题研究，大胆尝试"小组自主合作"学习模式，获区班主任技能大赛二等奖、区教师基本功比赛二等奖，曾在市级继续教育培训课程中执教示范课。积极推广儿童阅读，开发阅读课、电影课等系列特色课程，丰富了语文学习内容。

曾欢欢

　　坪山区坑梓中心小学教师，致力于成为一名受学生喜爱、让学生获益的优秀教师。曾荣获深圳市中小学"优质课例视频微课"三等奖、中国童话节故事创作大赛优秀辅导教师一等奖、坪山区少先队活动课说课比赛二等奖。

蔡靖琪

　　坪山区实验学校教师。曾赴印尼雅加达华人学校教汉语。一直践行着荀子"不闻不若闻之，闻之不若见之，见之不若知之，知之不若行之。学至于行而止矣。行之，明也"的思想，重视学生行动力、表达力的培养和发展。

樊海燕

　　坪山区东门小学教师，坪山区卓越班主任。先后获区"新教育杯"青年教师基本功比赛二等奖、区"新教育杯"心理教师基本功比赛三等奖。工作认真、踏实，注重创新，所带班级被评选为区"优秀中队"。

谭语翎

　　坪山区龙背小学教师。工作认真负责、积极主动、勇于创新，组织能力强。教学中，积极探索；研究中，刻苦钻研。多次承担校际交流公开课，获区各类奖励多项。

程译萱

　　坪山区坑梓中心小学教师。乐于激发学生思维，寓教于学。获区思想品德说课二等奖、区教师吟诵二等奖，指导学生获得区吟诵比赛二等奖、汉字书写大赛二等奖，并多次在各级作文竞赛中获奖。

何雍彦

　　坪山区坑梓中心小学教师。提倡学生在玩中学、在学中玩，感受语文的趣味性。获区小学语文"新教育杯"青年教师技能大赛三等奖，曾在市级继续教育培训课程中执教示范课。

李伟伶

　　坪山区坑梓中心小学教师。曾在市级继续教育培训课程中执教示范课，开发班级特色绘本课程。在培养学生想象力的同时，也激发了学生的学习兴趣。

承接2016年广东省骨干教师跟岗学习项目

2015年起承接市级继续教育任务，开设培训课程

2015年承办坪山区"五段互动式"教师培训模式研讨会

2016年承办坪山区重大教研活动开放暨常规教研组织形式研讨会

连续多年承接坪山区小学语文教师暑假培训任务

与湖北省荆州市教科院开展交流活动

赴揭阳市揭西县送培送教

本真语文工作室教学讲座、示范课剪影

广东省小学语文教学专业委员会常务副会长桑志军教授（左三）及小学语文教学名家
石景章先生（右三）指导工作室教研活动

工作室主持人张珂老师受市教育局委派到河源送教

程圣芬老师在市级继续教育培训课程开课仪式上执教《圆明园的毁灭》

杨翠蔓老师在全区常规教研组织形式研讨会上执教《丑小鸭》

李月云老师执教市级公开课《慈母情深》

黄雅丽老师执教市级公开课《慈母情深》

付薇老师执教市级公开课《"精彩极了"和"糟糕透了"》

何雍彦老师执教市级公开课《可贵的沉默》

李伟伶老师执教市级公开课《鼠小弟的小背心》

序 言

保持韧劲　砥砺前行

（代序）

　　和张珂老师认识纯属偶然。记得是2012年，他来我校参加广东省级骨干教师培训，我是培训班的负责人。于是就有了最初的接触。培训结束后，张老师和我一直保持着联系，每隔一段时间，就能听到他在自己专业发展的道路上又有了新的惊喜。这一次次的惊喜，积攒起来我对他的印象。

　　张老师是个有"韧劲"的人。正如他自己在书中所言："我是一只奔跑的蜗牛。"自谦是蜗牛，但是很努力地在奔跑。张老师是不是蜗牛暂且搁在一边，单是一个体育老师转成语文老师，要有今天的成就，其中的过程是常人难以想象的。张老师对此说得很轻松："一个不会上体育课的数学专业生不是优秀的语文老师。""在我的内心，从不以低学历、专业不符、代课教师而自卑，而是信奉勇者无惧、信者无敌，朝着一丝光的指引，一往无前！"就是凭着这股韧劲，他获得了一个又一个成就，跨过了专业发展道路上一个又一个坎，从教坛新秀、学科带头人到省级骨干教师培养对象，再到全区小学唯一的市级名师、深圳市级高层次人才。

　　做一名优秀的语文教师，单有韧性显然还是不够的，还要对语文和语文教学有敏锐的洞察力。所谓洞察力，即识鉴通透的能力，这是每一名优秀的语文教师必须具备的能力。张珂老师恰恰具备了这一素养，他对叶圣陶先生"教材无非是个例子"这句话有着体验式的理解。他认为，语文教学必须利用教材这一例子，注重语言、文字的积累和应用，通过课文加强语言表达的训练才是提升学生语文素养的必然之道，此为语文的本与真，故提出"本真语文"之理念。张老师没有把理念停留在口头上，他明白理念是要去实践和检验的。于是，他多次通过课题的研究检验此理念的科学性，借助教学比赛和教学展示等平台证明此理念的可操作性，以各类和各级别的讲座传播此理念的优越性。

就这样，他边教边悟，让这个理念逐步走向成熟，走出了深圳坪山，走到了全省。

成为一位优秀的语文教师之后，身上就会横架着担子，例如思考怎么依靠自己的力量为当今的语文教学改变些许状况，怎么将自己的研究成果分享示人。显然，张老师就是这种人。2015年，"深圳市张珂名师工作室"正式批准成立，张老师成为该工作室的主持人。从此，张老师成了花园里的花，为辛勤的蜜蜂提供酿蜜的蜜源。张老师很有思想，他既因地制宜又昂首向前，确定了"内化、发展、引领"三大工作室建设策略。通过内化培养工作室成员的语文素养，做课题、搞赛课、写论文，为培养工作室成员成为教学的行家里手花费心思，更取得了丰硕的成果。待到花儿烂漫时，张老师把眼光瞄准了远方。他觉得"独乐乐不如众乐乐"，又成功申报了"深圳市教师专业发展基地"。就这样，他搭台，工作室成员唱戏，而且这"戏"唱得还不赖。受益教师从区内到区外、从市内到市外、从少数到多数，同时也为其工作室和工作室成员赢得了口碑。当然，张老师没有就此满足，他有更大的追求和抱负，希望将自己的研究成果进行示范推广，引领辐射区域学科发展。于是他马不停蹄，先后承接了省教育厅组织的农村教师跟岗学习任务，接纳了来自省内多地的骨干教师跟岗学习。他希望将自己和团队推向全国，为坪山争光，为深圳争光。

翻阅此书，我相信大家既会为张老师的"韧劲"而鼓掌，也会为张老师的担当而感动。我衷心希望，读罢此书，大家能像张老师那样不惧困难、心向远方。我更期待，《内化 发展 引领》一书能给奋进者、后来者以及更广大的读者以启迪。

是为序。

桑志军
2019年6月于广州

作者系广东省小学语文教学专业委员会副理事长，广东第二师范学院教授、中文系副主任。

我是一只奔跑的蜗牛

（自序）

小小的身体

沉重的行囊

小小的我从来不曾迷惘

一步一步走得倔强

不在乎那些不屑的目光

小小的心灵

大大的梦想

小小的我总有自己主张

我要越过山高水长

看一看另一个世界的模样

我就是一只奔跑的蜗牛

不怕走得太慢、走得太久

有梦想就富有

孤单也坚守

不管黑夜白昼

永不回头

我就是一只奔跑的蜗牛

任凭汗水、泪水把全身湿透

不去向谁祈求

不向命运低头

一路向前

直到走到最后

这是流行歌曲《奔跑的蜗牛》中的一段，歌词虽朴实却励志，仿似我与团队的真实写照，又如我们一直追寻、一路成长的"本真语文"。

一、写给自己

"一个不会上体育课的数学专业生不是优秀的语文老师。"我常把这句玩笑话挂在嘴边，并不是故弄玄虚，而是与我自身成长的经历有关，更多的是出于自嘲。

我自小爱好体育，练了近十年的足球和中长跑，小有成绩。本想走体育生的路子，却因为伤病及家庭原因，高考前无奈告别运动场，恶补文化课。我也喜欢音乐和语言艺术，大学三年学的却是数学与计算机教育，课外则沉迷广播传媒社团，整日进行新闻采编、组织论坛。1999年大学毕业后，我在深圳坪山做了一名代课教师。以数学老师身份出道，却阴差阳错地教了体育，后来陆续教过信息技术、音乐、美术、品德等学科，还三次被抽调参与教育强镇创建、区志编撰等工作，离开讲台有两年多的时间。那时候的我，只是忙于在各个角色中转换，不知教师的舞台和时间应更多属于专业历练与成长。

一晃十年，至而立之年我才突然醒悟过来，打铁还需自身硬，只有专业发展提升才是教师的安身立命之本。

回到学校，因岗位问题，我转行教了语文。小学教师转岗本不稀奇，但体育老师改教语文还是比较新鲜的，因此没少过质疑之声。我的内心一直很强大，以支玉恒老师40岁从体育老师成功转型语文老师为信念引导，虽无法企及支老师的高度，但我以胜于支老师提前十年转型进行自我安慰，坚信只要肯努力也决不会差到哪里去，立志改变常人眼中体育老师"四肢发达、头脑简单"的形象，教出不一样的语文。

然而说起来容易做起来难。基础没别人好那就多补，能力没别人强那就多练，虽不是初出茅庐年轻气盛，但胜有历练变得沉稳。在这个阶段，我完成了本科学历的提升，更可喜的是终于考取了正编教师的资格。教育发展迅猛，教师的成长也如逆水行舟，不进则退。之后的日子里，从拜师学艺到阅读经典，从实践反思到模仿创新，我都比别人用更多的时间和精力。为了参加一项赛事、上好一堂课，我在短短20天里跑了深圳8个区，试上了14次课；为了一句教学过渡语更加自然完美，反复进行推敲修改。功夫不负有心人，凭着这种永不服输的韧劲，我的各方面能力得到了快速提升。

2008年，我第一次参加区级课堂教学比赛，获得一等奖；2010年再次尝试，获青年教师阅读教学比赛区第一名、市二等奖；2013年卷土重来，获优质课比赛区第一名、市一等奖、省二等奖。近年还在省市内外多地执教各种公开课和教学讲座近百场次。

课堂教学离不开深入研究，从区课题到市课题，再到省课题，我的研究成果得到越来越多的同行认可，论文也从内刊到获奖、公开发表，再到汇编成著。我用一系列实际行动证明，我不只能教语文，还能教出一种风格来；我不只能让学生喜欢我，还能让学生喜欢上语文这门课程。

2011年，我被评为区教坛新秀；2014年，我被评为区学科带头人、全区小学第一位省级骨干教师培养对象；2015年6月，我被评为全区小学唯一的市级名师；2016年4月，我被认定为市级高层次人才（后备级），同时还获得一系列省、市、区级荣誉。

近些年友人碰面寒暄，总说我很"成功"，则有些言过其实了。在我的内心，从不以低学历、专业不符、代课教师而自卑，而是信奉勇者无惧、信者无敌，朝着一丝光的指引，一往无前！

二、写给团队

当下不再是单打独斗的年代，团队的意义就是要发挥出"1+1>2"的作用。2010年起，由于我在各类课堂教学比赛中屡屡获奖，学校希望我能带动更多青年教师钻研课堂，聘我为"蓝青工程"的导师。于是乎，我也开始收徒传道，我称之为"团队1.0版"。2014年，区里开展首批名师评审，我校14位教师榜上有名，我被评为"学科带头人"，学校组建了"1+N"成长共同体，以"学科带头人+骨干教师+教坛新秀+青年教师"的形式组团带动学科发展，我称之为"团队2.0版"。2015年6月，我被评为深圳市名师，同年12月，市教育局批准挂牌成立"深圳市张珂名师工作室"，团队不再局限于学校，而是提供一个平台让有志语文研究的同行说文论道，推动语文区域发展，助力青年教师成长，此为"团队3.0版"。每个阶段的团队都有不同的责任和作用，但名师工作室产生的效应是最大的。

由于有之前的基础，工作室的成立在我脑海里立刻呈现出美妙的景象。然而事情并不像我想象的那样容易和简单。不同于其他主持人多为校长或教研员，一线教师组建工作室可用的资源相对比较有限。首先是招募成员遇冷。不同于首批工作室由市教育局发文动员，此次由主持人自行招募，因坪山相对偏远，且前一年区级工作室已招募一轮，导致主动报名者寥寥无几。后期区青年教师成长共同体协调的成员，因部分为民办学校教师，流动性大，几进几出折腾了半年后名单才算真正确定下来。连同我在内，首批骨干成员6人，其中4人中师起点学历，2人专业不对口。但我们立志推动坪山小学语文学科发展，培养一批青年教师，竖起深圳东部小学语文的一面旗帜。经反复讨论商定，我们确定了"内化、发展、引领"三大工作室建设策略。

1. 内化

通过对核心问题的研究，我们内化教育教学能力，在各类竞赛中获奖，使工作室及成员得到认可。

根据对语文的理解和先前的基础，我们把"本真语文"定为研究方向，把"目标教学"和"儿童阅读实践"定为发展重点。第一个措施就是开展课题研究，2015年底申报了首个市级课题"小学语文目标设定及达成策略"。经过两年研究，梳理出小学语文中高年级教材中每篇课文的微观目标及达成策略，并于2017年底顺利结题。有了良好的开端，成员们掌握了课题研究的过程与方法，开展起来更加得心应手，而后陆续成功申报市、区级立项课题近10项。

光说不练假把式。成员们把研究经验和成果应用在课堂上，并通过同课异构、同课同构、同课多上等方式迅速提升教学水平。工作室成立三年间，成员几乎囊括了区里基本功、赛课、说课、案例设计、论文评比等重要赛事的第一名或一等奖，在省、市级比赛中也多有斩获。研究离不开反思。工作室要求成员定期撰写论文、反思，现已出版专著4部，发表论文20余篇。有了成绩做支撑，工作室及成员逐渐得到大家的认可。

2. 发展

搭建一个展示自我的平台，加强彼此的交流学习，在成员们教育教学能力提升的同时，工作室也得到相应的发展。

古语云："酒香不怕巷子深。"而如今"酒"多了，不吆喝也难卖得出去，如何给工作室及成员的发展搭建一个平台成了重中之重。依托工作室，我们成功申报了深圳市教师专业发展基地，先后开发6门市级继续教育课程。选课人数和范围从第一次全为坪山的50余人，发展到后期覆盖全市十个区的200

余人，并向民办学校教师免费开放。三年累计完成48学时的培训量，参训教师达2000多人次，同时探索形成"主题报告+课例展示+微观点评+网络互动+课后反思"的培训形式。每次培训中，工作室成员均担任不同角色，不但积累了经验，而且加强了与外界的学习交流。三年来，工作室成员累计执教区级以上公开课、示范讲座50多人次。基地的建设与工作室的发展相得益彰，有了基地这个平台上的尽情展示，工作室这块牌子也被擦亮了。

3. 引领

承办各级教研、对外交流等活动，提升科研水平，将研究成果进行示范推广，引领辐射区域学科发展。

工作室发挥引领和辐射作用，需要得到上级教研部门的支持，需要有更大的舞台。这几年，工作室陆续承办了区教科研中心主办的教研模式研讨会、重大教研项目开放活动、教师暑期培训、区域集体教研活动等，使工作室的活动全面、正规。同时，还承接省教育厅组织的农村教师跟岗学习任务，接纳了来自省内多地的骨干教师跟岗学习。另外，还与广东省小学语文教学专业委员会、高校以及湖南、湖北、广西、贵州等多地的教研部门、学校建立联系，邀请专家到工作室指导，也组织优质资源开展送培送教。经过一系列的推广活动，工作室被更多人熟知，工作室成果被更多人认可，真正发挥引领和辐射作用，推动区域的学科发展。

"内化、发展、引领"三大策略的实施，不是单向的线性过程，而是相互交融，发挥合力。这套组合拳打下来，不论个人还是团队，都得到发展。起初近乎拼凑的阵容，现已有3人被评为中小学高级教师，2人被评为"南粤优秀教师"，5人次在市区年度教师评审中获奖。工作室壮大，教师得到提升，区域内学科得到发展，这就是我们期许的初心。初心不改，　力同心。

三、写给本真语文

由于所学专业不对口，我之前对语文没有太深的理解和认识，但总感觉课堂上不应该过多地把时间放在课文内容分析上，导致语文教学出现内容少、费时间、成效差、提升慢等教学低效的状况。自半道改教语文后，我细细回想课改十余年，课堂从热热闹闹的游戏、表演，到模式教学、翻转课堂，都有重形式不重内容、重文本不重知识能力之嫌。我心里更是一直在嘀咕："什么是语文课该解决的？语文课到底如何做才能有真正的语文味？"

受叶圣陶先生"教材无非是个例子"的观点影响，我认为语文教学必须利用教材这一例子，注重语言、文字的积累和应用，通过课文加强语言表达的训练才是提升学生语文素养的必然之道，此为语文的本与真，故提出"本真语文"之理念。本真语文关注语言形式，重视语言文字的积累和应用。换言之，就是关注课文是怎么写的，而非写什么的，无须对课文内容进行过度解读，而是要通过课文渗透语文知识、训练语文能力。

接触语文教学的初期，我就关注到语言形式，在以后的教学实践中更加深入研究，对每篇课文的表达形式进行分析。在教学课例设计中，要达成的目标首当其冲就是课文的语言形式，我多次借助教学比赛和教学展示等平台宣扬和推广这一理念。《小嘎子与胖墩儿比赛摔跤》一课，关注的是动作描写突显人物特点；《七颗钻石》一课，关注的是认识铺垫的作用与用法。这样的课在当时来说是有争议的，但教学中我注重读写结合，以读代解、以写代悟，并非割裂的单一个体，使语言形式与文本内容有效结合，呈现出来就是我预想的效果。在执教《花钟》《桥》《美丽的小兴安岭》等示范课例时，我同样坚持"本真"理念。用别人的话说，这样的课更有深度。我曾在某校执教《七颗钻石》一课，听课教师形成两个明显的对立面：一方认为应关注课文内容中小女孩的品行，语言形式点到即止；另一方则认为语言形式需要明确指出、扎实训练。由课题引起话题，我乐在其中，这总比不痛不痒、雁过无声来得更有意义。相信今后还会出现更多、更大的争议，但我乐意去做争议的焦点，同时我坚信，只要我的出发点是服务于学生语文素养的提升，语言形式得到了关注，知识与技能学习得到了落实，这条路就不会有错。

新的统编版小学语文教材解读中提出，必须通过教材学习提升学生对语文的理解和应用，特别是习作单元的设置，更是明确必须充分利用教材作为例子，教会学生如何习作，提升习作的能力和水平。"本真语文"的探索正是契合了小学语文发展的趋势，符合学生对语文学习的客观需要。"本真语文"在实践过程中得到众多一线教师的支持，大家也在教学中开始关注语言表达形式，尝试抓住微观教学目标去提升学生的语文素养。同时，"本真语文"还陆续得到了小学语文界多位专家名师的认可和指导，在他们的心口相传、手手相授之下，"本真语文"少走了弯路、提升了高度，真乃一大幸事。

看着"本真语文"慢慢成长和发展，我的内心是喜悦和激动的，同时也更加坚定了决心，继续学习钻研，加深对语文的理解和认识，追寻语文教学的"本"与"真"。立语文之本，探语文之真。

四、尾声

无论是我或是团队，又或是我们研究的"本真语文"，都像《奔跑的蜗牛》里唱的那样，即使身上的行囊沉重，即使旁人不屑或质疑，又或许道路曲折、路途遥远，但是我们有梦想、有信念，只要执着前行，哪怕走得再慢、走得太久，也终有一日寻觅到诗和远方！

蜗牛，奔跑的蜗牛，我是一只奔跑的蜗牛！是以自勉！

张　珂

2018年11月20日

目 录

引言

上篇　内　化

中篇 发 展

下篇 引 领

成长的力量

——教师成长共同体建设路径研究

深圳市坪山区坑梓中心小学　张 珂

一所学校，教师和学生是两个重要的组成部分，虽然说教育的主体是学生，但起主导作用的教师是重中之重。教师队伍素养的整体发展和提升，是一所优质学校的关键所在。只有重视教师的专业成长，学校才能保有持续发展的生命力。

在教师发展方面，我们提出"135"成长计划：一年站稳讲台，遵循教育规律和基本常规，独立开展教育教学，成为教育教学的新生力量；三年成为新秀，即明确自己的研究主题和发展方向，成为教育教学的主要力量；五年成长为骨干，即树立自己的风格，拥有研究成果，成为教育教学的骨干力量。目标的确定固然重要，但如果没有合适的土壤和营养，再优质的种子也无法生根发芽。教师培养的举措和成长的平台各不相同，我们围绕幸福课堂构建，依托并加强成长共同体的建设，坚定不移地深入研究，有效促进了各层级教师的发展。

2011年，坪山设区伊始，在名师评审中，我所在学校的百多位教师，只认定了4位骨干教师、3位教坛新秀，等级和比例在区内并不显眼。而在2014年，由政府和教育行政部门主导的首届三线名师评审，我校共评定名师1人、名班主任2人、学科带头人3人、骨干教师5人、教坛新秀3人，占全区名师总数的12%，且结构合理，阶梯分布，覆盖全部学科，人数和等级在全区学校中均名列第一。更令人欣慰的是，在2015年的市级名师评审中，从这批区级名师中成长了2位市级名师和1位省级骨干教师培养对象。如此亮眼的名师队伍，在坪山是绝无仅有的。最难能可贵的是，他们在评审之初都是零基础。也就是说，全部名师均为校本培养，无一人是从校外引进，教师进步速度之快令人称道、令人称奇。

2015年底，名师文集《拥抱教育梦想》出版，区教科研中心李显明主任欣然作序，他写道：

问渠那得清如许？为有源头活水来。这些年来，我多次到坑梓中心小学参加教育教学活动，在与这所学校领导、行政、教师的交流中，我真切地感受到这所学校教师群体的一种状态——积极进取的朝阳气息、教师团队的齐心协作、与时俱进的自主创新。看着这一派蓬勃向上的精神风貌，不由得让人想起这所学校"不待扬鞭自奋蹄"的办学精神。在探寻这所学校教师的成长力量时不难发现，团队建设就是他们的取胜之匙。朝阳气息、齐心协作、自主创新，是这样的学校文化促进了年轻人的成长。

的确，当下不再是单打独斗的时代。只有加强团队建设，打造教师专业成长共同体，同时在共同体中找准定位，借助共同的智慧明确方向，少走弯路，不走歧路，提炼个性鲜明的风格和成果，促进自身快速成长，这才是成长的力量。

一、共同体1.0版，"蓝青工程"打基础

在"135"成长计划的初期，教师成长共同体的构建主要侧重于"蓝青工程"的实施，即传统的师徒制。选派教研组内的一位资深教师与一位青年教师结对，进行"一对一"的专业指导，从教学示范到日常琐碎而扎实的备课、上课、改作业、研讨等环节，甚至教育教学中的一言一行，事无巨细，言传身教，发挥传帮带的作用。

我们认为，对青年教师全方位的指导，"蓝青工程"的力量是强大的，成效是显而易见的。在这样细致入微的指导下，青年教师修炼了扎实的基本功，快速站稳讲台。近两年，区教科研中心面向青年教师课堂教学及常规工作等方面开展的教学视导中，我校教师的评定全在"良好"以上。

二、共同体2.0版，"1+N"团队明方向

在"135"成长计划的第二个阶段，当青年教师需要明确研究方向、锻造明

显风格的时候,我们通过双向选择,让他们加入研究主题一致的"1+N"成长共同体,帮助他们寻找并借助团队的力量促进自身发展。

1. 构建"1+N",汇聚团队的力量

我们结合原有的师资力量,构建"1+N"成长共同体,主要抓实四支队伍的建设。一是充分发挥名师(含区级学科带头人和骨干教师)在教科研方面的示范引领作用,根据相同的研究主题和方向,组建校本教研工作团队,在各级教研活动中开设观摩课、示范课、专题讲座,带带青年教师,让他们充分施展个人才华和智慧,展示个人魅力与风采,让名师有作为。二是让骨干教师在教科研中起带动作用,给他们"指路子""压担子",共同参与课题研究,促进他们尽快地成长,让骨干有所为。三是让资深教师做好引导,以丰富的经验带动其他教师,有效促进整体教研水平的发展,让他们有影响。四是提升青年教师,结合常规教研,借助团队力量,参加各级各类比赛并脱颖而出,让他们有干劲。如此一来,关注到了每一位教师,让每一位教师都能体现自身的价值,形成一支团结互助、幸福成长的教师队伍,真正达到"和谐共生""美美与共,各美其美"的效果。

在近几届全区面向三年内教龄教师举行的水平最高的"新锐杯"课堂教学竞赛中,我校语文科黄雅丽老师、数学科王锐利及黄妍钰老师、英语科吴婷苑及谭晓君老师、美术科陈韵如老师、音乐科李科莹老师、体育科欧文杰老师等均获得过一等奖,他们的获奖无一例外来自团队的力量。

2. 借助"1+N",明确发展的方向

在竞赛中获奖固然对教师的发展有促进,但只有明确发展的方向、形成自身的风格才是一位教师塑形的重要标志。在"1+N"成长共同体构建之前,我们让团队中的"1"(即导师)进行教学及教研展示,呈现自身的风格,阐述团队的研究重点。青年教师则通过"1"的展示,寻找志同道合、适合自身发展的团队,并向团队提出申请,经团队评价并通过考核后,加入相应的团队,共同开展研究。这样的双向选择共同体组建制,能快速地帮助青年教师找准定位,明确发展的方向。

截至目前,参与区级以上课题并承担研究任务的教师(含2017—2018学年入职的青年教师)占全校教师的80%以上。

三、共同体3.0版，名师工作室促成效

相对于"1+N"成长共同体基于校本发展的局限性，名师工作室因其跨区域、多层级的建设特点，给青年教师的学习培训、研究及展示提供了更高的平台和更大的舞台。

1.加入工作室博采众长，力量源泉更广泛

目前我校建有市、区两级名师工作室3个，每个工作室都聘请了各自领域中有重大成果和顶尖名望的专家为顾问。同时在工作室发展过程中，交流和共建的范围及对象均为省内外的专业学术团体和名师大家。如全国著名阅读推广人袁晓峰、广东省小学语文教学专业委员会常务副会长桑志军、科研专家工作室主持人聂细刚、省名师工作室主持人王婧等近年相继参与指导张珂名师工作室的常规研讨，而与市教科院、各区教研员、各名师工作室的交流更是不计其数。"135"成长计划的第三阶段，是青年教师成长的关键期，跟随导师、主持人的学习，与工作室成员的共同交流，受工作室专家顾问的指导，加速了教育教学风格的形成，凝练研究成果。

2.借助工作室展现成果，力量支援更强劲

市级张珂名师工作室主持了3项市级课题，承接了市中小学教师专业发展基地的建设任务，开发了6门面向全市小学语文教师继续教育的培训课程；市级吴红云名班主任工作室主持了1项市级课程，承担了区班主任培训和区级班级课程建设的展示；区级方萍德育名师工作室主持省市级课题3项，承担全区德育交流平台的建设。青年教师主动参与工作室的共同研究，成果推广的面更广、效应更大，如杨翠蔓、李月云、程圣芬、黄雅丽、付薇、何雍彦、李伟伶等老师均在全市继续教育培训课上进行过示范教学，得到广泛认可。

同时，工作室还承担省教师实践基地的建设，承接全省各地教师脱产进入工作室跟岗学习及到各地进行送培送教的任务。近两年先后对韶关、清远、河源、潮州、揭阳等地教师进行培训。在这些对外培训任务中，工作室的青年教师更是发挥了主力军的作用，他们的教学主张和教学风格更是受到上述地市教师的推崇。青年教师通过这个平台也使研究成果得到推广，形成专业影响和辐射，使后续发展的力量支援更为强劲。

教师成长共同体的搭建形式多、途径广，版本也在不断升级，我们不能

说哪种类型的共同体是最好的，只能针对不同阶段教师发展的需要提供最合适的。面对不同时期、不同阶段、不同对象，三种类型的成长共同体各自发挥着不同的效应，其出发点和归结点都是提升教师的专业素养，为教师输送成长的力量。

内化　催化　孵化

——教师实践与专业发展双基地建设探索

深圳市坪山区坑梓中心小学　张　珂　李月云

　　为了进一步均衡省内发达地区与欠发达地区的师资力量，促进全省教育质量的提升，较大范围地保证教育公平，广东省教育厅从2011年开始在珠三角地区培育省级中小学教师实践基地。基地的主要职能就是接纳其他地市农村教师进行短期跟岗，集中进行学习培训。异曲同工的是，自2014年起，深圳市教育局也开始实施"深圳市首批中小学教师专业发展基地学校"创建计划，但职能与省级基地有所不同。其主要目的是推动深圳教师继续教育工作重心下移，切实发挥名优特教师的辐射、带动、示范作用，通过基地学校优势学科开发的继续教育课程，对选修相应课程的教师进行培训。

　　我校结合学科建设和教师发展进行综合考虑，积极参与这两个基地的申报和创建工作。经过材料申报、专项答辩、综合评价等层层筛选，我校先后通过了这两个基地的评审，成为深圳为数不多的双基地学校。其中，语文学科被确认为基地的优势学科，张珂老师被确认为优势学科的"首席专家"。

　　虽然基地的牌子挂起来了，但由于没有任何可以借鉴的经验，一个个问题迎面而来，如何开展跟岗集中学习、如何把研究成果编写成课程、如何开展课程培训，无一不成为我们开基创业路上的拦路虎。面对这些问题，学校教科室、教师发展中心及张珂名师工作室团队一道，边研究边实践，终于取得了一些成效，也看到了一些可喜的变化。

　　2017年9月间，一位来自韶关乡镇中心小学的周老师在微信上联系我校基地建设的主要负责人张珂老师，表达了两方面的意思。一是2016年10月在我校跟岗期间，基地的培训课程给予了她很大的帮助，无论是听评课、指导其上研讨课、共同开展课题研讨，还是参与教研活动的组织，都让她受益匪浅，使她的课堂教学、科研教改、研讨组织等各方面能力有了提升。回到学校后，她把所学运用到自己的教学实践中，效果让其他教师啧啧称赞。新学年，学校任命她为教导处主任，希望她能把学校的教研氛围带动起来，这让她的价值得到了认可。二是虽然跟岗早已结束，但希望基地对她的指导不要中断，继续指导帮助她提升自身的综合素养，在新的岗位上发挥更大的作用和价值。

类似的故事不只周老师有，在同期跟岗的河源地区陈老师身上也同样发生了。跟岗学习对原本比较"安逸"的陈老师触动很大，回到原工作岗位后积极参加教学竞赛，教学技能迅速提高。2017年4月，深圳市教育局安排张珂名师工作室到河源开展教育帮扶时，虽然交流活动安排在城区，但陈老师听到这个消息执意赶来，目的是继续学习提升。

基地课程不只对省级基地跟岗的外地教师有帮助，对参与市级基地继续教育的深圳教师也有帮助；不只对小学教师有促进，对中学教师也有影响。2016年10月，基地继续教育课程"小学语文绘本教学的策略研究"面授课结束后，一位王老师久久不愿离去，向我校教师继续请教绘本教学的方式、方法。这位王老师来自南山区西丽二中，她说来之前不知道南山和坪山相距这么远。但培训结束后她认为，这是她参加的最有实效的一次继续教育，也是最有收获的一次继续教育，我们基地的课程她今后将一次不落。

当下，教师的职业倦怠已是一个无法绕开的话题，其主要成因已由过去的高负荷工作与待遇低下之间的矛盾变成了高强度的工作与社会认可度低、价值体现不明显之间的矛盾。特别是在深圳这一特定环境中，这样的问题尤其突出。一方面，由于深圳良好的经济坏境，许多教师家庭的经济增长收入不再局限于职业收入，甚至形成倒挂，职业收入只是家庭经济中非常微小的一部分，在部分教师心中产生了工作可有可无的心理，而社会、家长对教育的关注度日益增加，无形中使教师的职业压力越来越大。另一方面，由于教师职业认可形式单一，评优评先周期长、名额少，名优特教师评审局限大，导致专业价值得不到很好的体现。这些都成为教师发展动力不足的原因，职业倦怠出现就不足为奇了。

马斯诺需求层次理论指出，每个人都具有尊重的需要和自我实现的需要。教师群体作为教育专业技术人员，尊重的需要和自我实现的需要更为突出。教师专业发展的内在因素在于教师的自我完善，源于教师的自我角色愿望、需要以及实践和追求。许多教师都希望获得"尊重的需要"，尊重的需要包括自尊心、自信心，实现个人理想，并不断自我创造和发展。教师通过不断的自我描述、"评价性"的自我体验进行自我诊断、自我调整、自我激励，最终达到自我提高，实现自我专业的发展，即满足自我实现的需要。双基地建设就是以提升教师发展驱动力为切入点，以教师持续发展为方向，经过六年的研究与实践，形成了以课堂为抓手、以课程为核心、以工作室（成长共同体）为平台，"内化教学素养、催化教师发展、孵化骨干名师"三位一体的基地建设模式。基地建设中重点搭建研讨模式和培训模式，使教师发展动力由外驱转为内驱，从而形成持续发展的动力。同时，这一成效也由优势学科向其他学科辐射，由基地学校向其他学校辐射，有效促进了区域教师的快速发速。

一、角色转换，注入外驱活力，内化专业素养

以往的培训，我校教师参与时更多是被动接受的角色，成效往往大打折扣。基地的培训是任务驱动式，使我校参与教师的角色转为主动传授一方，如果不能有效、高效地完成培训任务，基地建设将成为空谈。

1. 教学科研同步化，固化为基地学习与培训模式

2012年，我校省级基地迎来第一批跟岗学员。由于是新鲜事物，无论作为基地的培训方还是被培训方，都处于摸着石头过河的试探阶段。跟岗结束后，经过深入反思，我们总结出一些有效做法，即把学员纳入学校名师工作室或成长共同体，在较短的时间和周期内与本校教师共同组织培训，形成"四参与"跟岗学习法，即参与听课认识本校学科科研课题、参与集体教研了解研究状态、参与同题异构深入开展研究、参与教学汇报展示研究成果。2015年基地申报计划学员，原计划只申报接纳语文学科10位教师跟岗，但综合我们以往的培训项目后，省教育厅要求我们承担语文、数学、英语三学科共30位教师跟岗的任务。2016年，我们顺利完成培训任务，我校综合评分排全省小学基地第四、深圳小学基地第一，取得了良好的培训效应。

由于有了省级基地培训的经验，2015年市级基地承接继续教育课程培训时，我们一改以往专家"一言堂"的方式，继续以课堂为主阵地，把校本的科研成果转化为课程，通过课程进行推广，达到了既培训他人又宣传自己的效

果。由于每次课程培训都定量为 3 课时，我们就把培训效果实现最大化，并进行有效延伸，形成"一课一议一点评"的"五步参与式"培训法，即课堂教学呈现课程核心、围绕课程核心阐述教学设计、教研组微观研学评价课程与课例、专家课例点评与主题讲座提升课程价值、网络互动拓展学习。这种培训形式被专家评价为更接地气，还受到深圳电视台、深圳新闻网等媒体的关注，并进行报道。

2. 基地教师成为培训师，责任感和使命感驱动专业发展

基地建设为教师发展搭建了更加宽广的平台。在省级基地跟岗学习中，我们为每位学员配备导师，与学员进行"一对一"的专业指导，从示范教学到指导学员参与教研、课堂实践研究等，事无巨细，都需要亲力亲为。油然而生的责任感促使他们深入学习研究，不辱使命。跟岗培训的学员中也不乏业务精湛、风格明显的骨干教师，他们的到来为我校教研发展注入了新的活力与源泉，思想与思想的碰撞以及交流让我们共享教育之乐，也促使我们不断反思教育教学，在反思中改变，在实践中提升。与其说是导师制，不如说是双向促进，既是对学员的指导，也是导师在培训过程中对自身专业发展的规划与提升，有效促进导师以及示范教师教学专业的发展。

市级继续教育课程培训亦是同理。授课教师面向全市教师进行公开授课，对授课教师的专业素养提出了更高的要求。对执教研讨课例的教师而言，从课例的精致设计到现场授课的课堂调控，从课前打磨到最终的课例呈现，从课堂导入到教师评价语言等，都是极大的锻炼；对微观研学发言评价的教研组而言，从现象到本质的具体分析对专业提出了更高的要求；对课程开发组的成员而言，从课程开发到组织培训，每一次都是历练，每一次都是升华，每一次都是成长。

二、角色定位，促进内驱自省，催化专业发展

经过基地建设，教师们的价值得到认可，专业尊严得到捍卫，自身定位也从模糊趋于清晰，那就是不能仅仅停留在被动学习的层面，而是要成为研究之师、进步之师、成长之师。

1. 课题、课程同步化，推动教师科研能力的发展

基地优势学科小学语文长期致力于"目标教学"和"阅读推广"的研究。

2015年，张珂老师把主持研究的市级课题"小学语文目标设定及达成策略"转化为基地的第一门课程，面向全市开课4次，累计培训800余人。通过基地课程的开发与培训，极大地调动了教师研究的热情，促使一大批教师主动参与到科研之中。同时发挥工作室及成长共同体的团队力量，研究一项就开发一项，成熟一项就推广一项。仅两年时间，基地教师团队仅语文学科就成功申报了3项市级课题，基地培训课程也从1门上升到4门，参与课题研究与课程开发的教师也从最初的3人发展到14人。近两年，"小学语文绘本教学策略""小学语文课堂教学过程设计策略""小学绘本创意教学"等课程也在深圳中小幼继续教育网平台上线，选课教师范围从原来的两个区到现在覆盖全市十个区，选课人数也由最初的单门52人上升到单门208人。至今，基地开发的4门课程共开10次面授课，已面向全市培训教师2000余人次。教师的专业得到认可，研究成果得到推广，发展动力更加充足，从原来的外驱变成了内驱，从被动发展变成主动发展。

2. 内、外课程资源整合，推动教师科研能力的发展

省、市基地培训除了充分挖掘校本优质资源外，还大力引进外部成熟资源。我们先后邀请全国著名阅读推广人袁晓峰老师、广东省小学语文教学专业委员会常务副会长桑志军教授、市科研专家工作室主持人聂细刚校长、市名师王婧、福田区小学语文教研员余云德老师一同参与授课，不仅使参与培训的教师醍醐灌顶，拨开了眼前的迷雾，同时也使基地的教师更加明晰自身的发展方向。

三、角色提升，形成专业影响，孵化名优教师

基地效应的不断强大，使基地教师的价值得到体现，也相应促进了学科建设和学校的整体发展。

1. 基地课程整合区域研讨，促进学科建设

基地建设不单停留在学校层面，更整合了区级整体研讨，成果推广在区域内实现最大化。2015年12月11日，基地和张珂名师工作室联合承办了全区教师培训模式研讨会，邀请聂细刚科研专家工作室团队共同研讨，课程参与者除原选课教师外，还有全区教研员、中小学校长、科研主任、学科组长以及全区小学语文教师，使课程得到有效的宣传和推广。2016年4月13日，基地和张珂名师工作室再次承办了区重大教研项目开放活动，邀请福田区教研室共同参与，以

"目标教学"为主题，以"微观研学"为方式，再次面向选课教师和全区小学语文教师进行课程培训。这种联系开课的方式实现了三赢，既创新了基地课程培训形式，又使学科团队建设、研究成果推广实现最大化，更使教师的专业价值得到广泛认可。

2. 基地课程促进区域发展，扩大影响辐射

我们以课程为平台，承办市、区级研讨活动，展示研究过程，交流研究成果。每期课程培训及课题成果，我们都会在微信公众号上进行推送，同时多次课程培训均见诸深圳新闻网。"目标教学"获科研成果优秀课题奖，"五段互动式"获科研成果微改革类一等奖，"微观研学"获科研成果微改革类二等奖，均向全区介绍推广。

基地还将课程全过程收集整理，挑选优秀课例、优秀讲座、科研成果等，由培训团队到省内外交流推广。近两年，已到贵州、河源、揭阳等地进行了10余场课例和讲座展示。同时，结合省级基地跟岗学员回访制，也将我们的研究成果进行有效传递和推广。

3. 基地创建见成效，名优教师相继孵化

省市双基地的创建符合教师的主观需要，有利于教师的专业发展。由于主体发生改变，教师从单一的学习者变成课程的开发者与培训者，促使其更积极主动参与研究，有效促进自身专业发展。借助这个平台，许多青年教师承担培训任务，教学科研能力迅速提升，成长速度在区域学校独领风骚。参加各类型竞赛，基地教师几乎囊括了所有重要奖项。

2011年，基地优势学科仅依靠两位区级教坛新秀，时至今日，优势学科团队中已成长了深圳市名师1人、市名师工作室主持人1人、市骨干教师1人、区学科带头人3人（全区3人）、区骨干教师2人。此外，还有广东省首批骨干教师培养对象1人，另有4人参加过为期一年的骨干教师省级培训。值得一提的是，在即将进行的新一届坪山区名师评审的34人培训团队中，其中29人符合申报条件且均达到最低申请要求，这在所有的教师群体中占比均为最大的。

回首基地创建，因为紧紧抓住了课堂研讨与课程开发这一着力点，有效促进了教师的专业发展，得以引领区域学科发展，使学校科研层次、教师专业发展一直处于区域领先位置，继而促进学校的整体发展。

　　今后，我们也将紧紧围绕教师专业发展这一要素，继续把基地建设做大、做强，打造教师专业发展的平台，形成教师专业发展的品牌，成为名优特教师的孵化器。相信将会有更多教师专业发展的动人故事在这里发生，更多的感人故事在这里上演。

上 篇

内 化

《小学语文目标设定与达成策略研究》
课题研究总报告

深圳市坪山区坑梓中心小学课题组

第一部分　简介

一、课题标题

小学语文目标设定与达成策略。

二、课题摘要

本课题研究的核心是"目标教学"，又可称为"线型教学"，就是让语文课堂教学以"知识能力"目标为"线"，串起一个又一个教学环节。"教什么"就是"目标设定"，"如何教"就是"达成策略"。每教一篇课文必有一条目标线，这条线既是教的"线"也是学的"线"，教与学双方沿着这条线共同努力，达成目标。由于"目标教学"对不同年级、不同课文都制定了明确的、微观的、单一的教学目标，所以学生每学一篇课文都能获得一项语文知识或某一种语文能力。

"目标教学"最大的好处就是教路简明，只要出示目标，学生就能明白自己在这一堂课中要学什么。教师则根据目标，借助文本取舍分时地指导学生既读懂课文内容，体会出文章的思想感情，又实实在在地指导学生提升语文能力。从设定到达成，教师的每一个教学环节都围绕目标展开，教学线索十分清晰。同时为了服务目标，教师对课文教学做出取舍，一切与目标关系不大或毫无关系的地方要大胆舍去，使教与学围绕目标开展，使原来"模模糊糊一大片"的阅读教学变为"清清楚楚一条线"，这就是我们研究的主要方向。

三、课题缘起

语文是人文性和工具性相互结合的学科。传统的语文教学，教师容易停留在三维目标的第三层次"情感态度与价值观"中，把语文课上成了思想品德课，常围绕课文内容进行深入分析、过度分析，甚至歪曲分析，违背作者原意的课例也不在少数。叶圣陶先生提出"课文无非是个例子"的观点，其根本是借助课文体会情感，训练语文能力，提升语文素养。借助课文达成最重要的"知识与能力"目标，使语文课有"语文味"，促使我们进行本课题的研究。

研究之初，我们在学校提倡的"自为"课堂环境下进行尝试，提出了"自为课堂下小学语文目标设定与达成策略研究"这一方向，旨在培养学生的目标意识，同时体现学生在学习中的主体性，突出学生自主制定目标，并在课堂教学环节的实施过程中达成目标。我们研究的课堂流程是根据"三性"进行尝试。一是有效性，让学生在学习过程中学有所获，教师教有所得。二是可操作性，流程步骤简单、容易操作、便于推广，能为广大教师所用。三是科学性，我们用现代理论验证教学流程，其模式具有效性和可操作性特点，表明模式是科学的。

随着研究的深入，我们在尝试过程中遇到了一定的困难。我们研究的原意是教会学生自主制定目标后，通过课前预习环节让学生自主制定目标，教师在课堂教学环节中适时点拨、指导，并创设具体情境，让学生在自觉体验的过程中达成自定的目标，从而真正成为课堂的主人。然而，文本知识能力的目标设定，需要对教材充分研读，并结合学段的具体要求才能准确提出。在教师尚不能准确把握的情况下，学生自定的目标就偏离得更远了。在充分调查访谈后，我们把课题的研究调整为"小学语文目标设定与达成策略"，重点变为由教师引导提出目标到学生理解目标，最后在课堂教学中达成目标，过程中再以"自为"为学习方式，有效地提高了课堂效率。

后期我们继续按照目标达成策略进行探索，根据既定流程上课，并组织大型研讨交流活动，评估流程下的课堂教学效果。经过两年的实践研究，我们研制了目标教学的若干策略，梳理各年级、各课文的微观教学目标，形成体系，并收集了众多成功课例。后续我们将继续总结提升，印制相关文集，进一步做好成果的宣传推广，便于后来者借鉴、运用。2017年11月，我们根据梳理形成目标体系，并总结凝练相应目标教学流程策略的实际，通过评估得出研究成果，对语文课堂有效性的提升及学生语文素养的提升有明显的促进作用，认为课题的研究已达到既定的目的，提出按期结题的申请。

第二部分 主体

一、背景研究聚焦问题

（一）问题提出背景

在新课改的热潮之下，我校积极寻求教育的突破与创新。在学习先进经验的同时，在校内认真探究关于自主式、启发式、参与式、体验式等教与学的方式。学校坚持落实素质教育思想，早期提出了生态教育的办学指导思想和"朝阳气息·君子风范"的培养目标，积极探索旨在促进学生"全面发展、整体提高、学有所长"的课程改革，小学语文小组课堂合作学习的课题研究已初见成效。恰逢深圳市出台《关于进一步提升中小学生综合素养的指导意见》（征求意见稿），将中小学生综合素养分为品德素养、身心素养、学习素养、创新素养、国际素养、审美素养、信息素养以及生活素养等八个方面。其中学习素养明确提出要提高学生的学习兴趣，优化学习习惯，提升学习能力。我校融合之前的研究成果，为了进一步提高学生的学习兴趣，提升教师的专业素养，提出了"自为"课堂的教学理念。小学语文目标设定与达成策略研究正是在这一背景下产生的，成为深化教育改革、实现教与学方式转变的重要实践。

20世纪上半叶，西方开展了教学科学化运动，有效教学应运而生，成为国内外课程与教学研究领域关注的重点。从杜威到布卢姆，从斯金纳到加涅，都非常重视对有效教学的理论和实证研究，也取得了一定的研究成果。"自为"课堂理念的提出，是对自主式、启发式、参与式、体验式等教与学方式的一种延续，让学生的能力在"自为"过程中得以提高，学生能积极主动地参与学习的过程，体验学习的过程与乐趣。在此过程中，教师与学生的角色发生了实质转变，师生关系变得和谐，学生能力得到全面提升，教学质量得到提高，教师队伍专业素质也相应得到提高。

然而在这样课程改革大环境下的传统语文教学，大部分教师却依然停留在三维目标的第三层次"情感态度与价值观"中，过分强调课文的思想及情感，对课文内容过度分析，忽略了课文写作技法的讲解。

（二）拟研究的问题

本课题希望通过对文本进行解读，发现课文隐藏的语文能力训练点，强化语文"说""写"核心素养的培养，提升学生的语文能力。

二、核心概念界定、研究理论与实践意义

（一）核心概念界定

"自为"课堂意指学生结合先前预习环节自主制定目标，教师以目标达成为核心组织教学，学生在教师的教学策略引导下自主学习、主动参与，成为课堂的主人，达成设定的目标，实现教与学的转变。

（二）研究理论

《语文课程标准》（以下简称《课程标准》）指出，教师积极倡导自主、合作、探究的学习方式，学生是学习和发展的主体。这为课题研究提供了理论依据。

（三）实践意义

通过课题的研究与实践，让语文教师抓住课文"知识能力"的目标主线，让学生既读懂文本内容，又体会出文章的思想感情，更进一步发展语言文字能力，提升语文素养。

三、文献研究述评

（一）理论基础

《课程标准》对语文课程性质进行了明确定位："语文课程是一门学习语言文字运用的综合性、实践性课程。"并重申了"工具性与人文性的统一是语文课程的基本特点"。语文课程性质的共性是"综合性、实践性"，独特个性是"学习语言文字运用"，这一课程定位突出了语文课程的独当之任。为使教师充分认识语文学科的特点，我们组织教师认真研讨《课程标准》，同时组织《课程标准》考试，使教师对《课程标准》的理解更为准确和深入。石景章先生《求真务实的教学火花》一书中也指出，课程内容是指为达到课程目标而

选择的事实、概念、原理、技能、策略、习惯、价值观等要素。就语文学科而言，就是学生必须掌握的可以终身受用的语文知识、方法和技能，应该是相对稳定的、不可替代的，简单地说就是"教什么"。为使理论落地，我们也邀请石景章先生多次到校讲学，通过课堂实践与理论联系，更加理解"目标教学"的核心所在。

（二）经验基础

在开展这个课题研究之前，课题组曾就"目标教学"进行了初步探究，并申报区级课题进行规范研究。课题组成员以"目标"为研究对象，执教多节研讨课、示范课，课例在省、市、区等多有获奖，并撰写多篇论文、心得等发表在专业期刊上。课题组通过公开讲座、学科教研等活动，对教师进行培训普及，教师对"目标教学"也有了一定的理解和认识，给本课题的继续深入研究奠定了良好的经验基础。

四、研究目标、内容，创新之处

（一）研究目标

"自为"课堂下小学语文目标设定与达成策略研究，重点在于研究"自为"特定环境下语文能力目标的设定策略，研究提高目标达成度的策略，探讨教学流程，并总结出若干策略。

（二）研究内容

结合《课程标准》中的年级要求，深入研究小学语文教材中每篇课文的语文能力训练点，并形成语文能力目标体系，通过课堂实践真正促进学生语文能力的发展和提升。具体分三个阶段推进：第一阶段是实践研究阶段，主要包括查找资料和论证、动员、学习有关资料以及按流程要求备课、上课；第二阶段是完善提高阶段，主要包括修订完善、实践、组织各种研讨会以及组织评估流程；第三阶段是总结提升阶段，包括做好模式探索的总结、收集推荐成功课例以及印制相关论文、教案集等。

（三）创新之处

本课题研究有两大创新之处：一是研究实践摒弃常规的学科组集体推进、盲目实施，而是以市级名师工作室为引领，语文学科分成若干"1+N"团队，既独立研究又合作发展，整合各团队优秀经验做法，相互借鉴尝试，探索最合适的策略与最准确的能力训练目标；二是借助广东省中小学教师实践基地和深圳市教师专业发展基地的平台，把阶段研究成果开发成市级继续教育课程，既能借助平台使课题组成员得到实践锻炼的机会，又能通过基地平台将课题研究向外辐射推广。

五、研究程序

（一）研究对象

本课题研究的对象是学生、课堂与教材。"自为"课堂环境下，重点在于突出学生的主体地位，能根据文本自主制定目标，并在课堂教学环节中通过教师的指导理解文本，从而达成目标。课堂教学中"目标设定与达成"的具体策略，既梳理相对规范的教学流程，又梳理教材中"知识能力"的目标，并形成体系。

（二）研究方法

课堂实践研究法：在行动研究中不断探索"自为"课堂下小学语文"目标设定与达成"策略，并不断修改、总结。

观察法、调查法：调查研究目前课程体系和课程实施、评价的现状，以及新课程体系实施后学生的综合素养和教师课程理念、课程开发与实施能力的情况。

行动研究法：通过日常的观察记录、开会讨论、录音录像、上研究课、个案研究、个人报告、阶段报告等方式收集资料和分析资料，在行动研究的过程中及时调整课程要素构成、课程实施方式、课程评价方式等。

案例研究法：收集典型的案例实录进行研究分析，并进行案例反思。

经验总结法：运用经验总结不断完善课程体系，挖掘课程功能，调整课程实施和课程评价模式。

文献法：参考以前的文献，借鉴先进地区、学校的构建经验，对本课题研究起到一个指导性的作用。

（三）技术路线

在课题研究之初，充分学习和借鉴他人的研究成果和成功做法，组织学习、讨论和谐有效教学模式的相关理论书籍。结合学校的具体情况，在实践中进行研究，并召开各种研讨会，在论坛中相互交流教学改革研究心得，在课堂实践中不断改进提高。

六、研究过程

（一）学习交流，转变观念

确定课题研究内容后，课题组成员集中学习相关文献，借鉴他人的研究成果，讨论"自为"课堂下小学语文"目标设定与达成"策略研究的相关做法，并定期组织教师座谈交流。近两学年，我们每学期组织理论学习3次以上、听评课活动3次以上、专题讲座2次以上，观看优秀教学视频2次以上。经过理论培训，使全体教师进一步更新教育教学理念，提高了教师的理论水平。

（二）名师引领，形成效应

学校积极创设条件，聘请专家到校指导，选派教师外出学习先进经验，发挥骨干教师示范引领的作用。提供各种锻炼平台，促进教师专业化发展，形成一定的效应，一定程度上加快了教师的专业成长。

1."走出去，请进来"

学校在课题研究中需要有人进行专业引领和指导，这个思路就是"依靠他人"。按照这个思路，学校长期坚持"走出去，请进来"的策略，定期邀请区教研员、国内知名专家学者到校讲学，分批组织教师到省内、外观摩学习。

2.本校市、区级骨干引领

学校重视培养校本专家型教师，做好课题研究的教师专业引领工作。学校建立了"1+N"教研团队，由一个骨干教师、一个成熟型教师和几个青年教师组成团队参加课题研究，实现课题研究、骨干示范带动、培养骨干、青年教师成长多项统一，让个体和群体相互合作，在互动中成长、共赢。

（三）全体参与，整体推进

我们始终认为，只有以教学的真实问题为导向才能唤起教师的研究意识和研究精神，促进教师的专业成长，因此我们形成了"依靠问题—合作与研究"的课题研究思路。我们以"目标设定与达成"策略研究为抓手，解决教学细节问题。为落实"自为"课堂下小学语文"目标设定与达成"策略研究，教研组全体教师参与课题研究，每一阶段工作都有起色。

第一阶段：实践研究阶段（2015年7月至2016年8月）

课题组组织教师研讨课堂教学"目标设定与达成"策略，进行大量的理论学习和相关培训。我们进一步梳理之前的教学，讨论课堂流程，提出对当前课堂的改进意见，明确增加"目标设定"环节，并要求在教学的其他各环节选择合适的策略，围绕"目标达成"进行教学。在这一阶段，我们进行了大量的理论学习，组织了多次座谈，课题组提出导向性意见，各教研小组组织多次教学模式研讨，有序推进。这一阶段我们初步改变了课堂生态，课堂教学有基本流程，初步突出了学生的主体地位，形成了目标有效意识，并建设和谐的师生关系。

第二阶段：完善提高阶段（2016年9月至2017年2月）

课题组结合"自为"课堂的理念，加大对课堂教学"目标设定与达成"策略研究。在这个阶段，我们继续探讨课堂教学流程，对"目标的设定研究"进行调整，重点探讨"目标达成"的教学流程、教学活动、练习总结策略，两次组织大型公开研讨活动。在策略的选择上，更多运用自主学习、合作学习、展示学习等策略，改变课堂生态。教师引导点拨与学生自主探究和谐统一，学生成为课堂真正的主人，大大提高了学生学习的积极性和主动性。在探索过程中，我们坚持理论研究，定期举行课改专题讲座，组织专题论坛，举办区、校研讨课，不断调整课堂评价表，组织教师反思课堂，使课堂逐渐转变成为理想中的生态课堂形态。

低年级学生对"语文能力"目标的理解容易产生偏差，拔高课堂要求容易导致学生掌握不牢，使课堂有效性下降。经过课题中期评估后，我们进行了中期调整。一是把"自为"概念下学生自定目标调整为由教师引导提出目标，指导学生理解目标，通过"自为"方式在课堂中达成目标。二是把研究对象重新界定为中高年级。最终在充分研讨后，我们把课题调整为"小学语文目标设定与达成策略研究"，重点研究"目标教学"课堂流程和语文教材中的目标体系。

第三阶段：总结提升阶段（2017年3月至2017年10月）

在这个阶段，我们引入课堂观察手段，以课堂观察为抓手，实施微观研学策略。从2016年2月开始，我们进行微观研学，以课堂观察为抓手，制定实验方案，成立实验小组，进行"微观研学"理论培训，对教师进行聚焦课堂观察的校本研究方式相关专项培训，讨论课堂观察架构，制定课堂观察表，引导实验教师提升课堂教学，使实验教师接受课堂观察并实践。这一阶段，我们请了杭州沈毅校长来学校进行课堂观察专题培训。使用微观研学方式后，强化了以课堂为核心的"课前会议—课堂观察—课后研讨"教研方式，使实验教师更好地观察课堂，对教师行为、学生学习（准备、倾听、互动、自学、达成）总结反思，使教师更直观地看到教学策略对目标达成的效果，促使教学转变，实现学生学习方式的真正转变，促进课堂教学效率的提高。

（四）主题研究，解决细节

2015年10月21日，课题组邀请坪山区教科研中心副主任、小学语文教研员王旭信到校，给全校语文教师做了题为《小学语文目标设定与达成策略》的专题讲座，很好地给教师们进行了培训和普及。

2015年12月11日下午，课题组承办了坪山区"五段互动式"教师研培一体化模式研讨会暨市级继续教育基地培训课程开课仪式。课题组团队与龙华区书香小学教师团队共同开展的"五段互动式"研培一体化专题研讨，课题主持人、市级教师专业发展基地"首席专家"、市级继续教育课程开发及授课教师张珂老师做了课程的主题报告《小学语文课堂教学目标设定及达成策略》。他围绕"语文教师三重底色、教学目标三个层次、目标达成三个要素"三大方面，分析了当前语文教学的一些现象，并针对当下语文教学中存在的一般问题，提出语文教学要重人文与方法相结合、理解与运用相结合，做到心中有学生、眼里有目标。"课例实践"由程圣芬老师执教了五年级课文《圆明园的毁灭》。"辩课互动"是"五段互动式"教研活动的高潮，双方对课堂的教学目标设定与达成进行了深入的辩论。"点评提升"环节由书香小学聂细刚校长进行了精彩的点评。课题组这一研讨形式获当年坪山区科研成果评比"微改革"类一等奖。

2016年4月13日，课题组承办了坪山区重大教学开放活动，本次研讨的重点为"教研活动组织形式"。我们以"小学语文目标设定与达成策略"为主题，由二年级教研组围绕"通过读写结合发展学生语言能力"的策略，对我校教研活动的常规模式进行示范。活动分为三个环节：一是课例观摩，由杨翠蔓老师执教《丑小鸭》；二是微观评课，由二年级教研组七位教师结合《丑小鸭》一课，从课堂设计、课堂时间安排、教师评价语言、学生表现等不同方面切入，通过数据进行每人3分钟的微观点评；三是专家点评，由福田区语文教研员余云德老师进行综合评价。

2016年11月16日，课题组组织了面向全市小学语文教师的市级教师继续教育专业科目课程面授课，主题为"小学语文课堂教学目标设定及达成策略"。

活动分为三个部分:第一部分为课例观摩,由李月云执教《慈母情深》;第二部分由课题顾问石景章老师对课例进行专业的指导与点评;第三部分是互动评价,由在场听课的教师畅谈自己对语文课堂教学的心得与体会。

2016年11月23日,课题组承办了市级继续教育培训课程,以"小学语文目标设定与达成策略"为专题开展研讨活动。活动特邀张珂名师工作室导师、广东省小学语文教学专业委员会副会长、广东省第二师范学院中文系主任桑志军教授做嘉宾。研讨分为两个环节:第一个环节由张珂名师工作室学员、青年教师付薇执教课例《"精彩极了"和"糟糕透了"》;第二个环节由桑教授结合课例,做了题为《文本解读与教学内容的选择》专题讲座,讲座围绕"文本解读"和"目标设定"两个主题,从编者意图、教师理解和学生学习需要等三个维度,阐述了教师应该如何有效利用文本为课堂服务、为学生学习服务。

2017年10月25日,课题组与市内广大小学语文教师共同研学"小学语文课堂教学过程设计策略"。这次课程研学活动由我校的市级张珂名师工作室举办,共分为三个阶段:第一阶段为课例研讨,工作室青年教师黄雅丽执教课例《慈母情深》;第二阶段为微观评课,黄老师简述教学设计后,由五年级教研组分别从教学目标的确定与实现、课堂组织、学生表达、学生课堂参与度和情感体验等四个方面对黄老师的课进行点评;第三阶段为专家点评,由坪山区教科研中心王旭信副主任对研讨活动进行综合评价。

(五)实践反思,提升质量

在课题研究中,课题组引导教师加强教学反思。课题组要求每位教师定期撰写随笔,或教学反思,或读书心得,或研究论文,或教育随想。不断地写作积累,有效促进了教师的教育思考,升华了教师的教育教学理念,促进了教师素质的提升。

在课题研究中,我们始终关注教学质量,把课题研究作为提升教学质量的有效抓手。课题研究对教学方式、学习方式的改变,促使学生更自主地学习,改良学习习惯,更多地阅读、思考、实践,提升了学生的素质。

七、结果呈现

(一)重要结论

经过两年多的研究,课题组基本梳理出中、高年级小学语文教材的"语文能力"训练目标，并形成体系。同时经过比较、总结、分析，提炼出"目标设定与达成"的若干基本策略。

1. 中、高年级语文教材目标体系

中年级的目标要点：①理解词义、句子，学好理解词句的方法，进而体会重点词句的表达效果；②重视段的教学，概括段的意思，理解段的叙述顺序，了解构段的方法；③加强朗读，训练默读，引导学生画重点、批感受、提问题；④略读课文，粗知大意，培养快速阅读、整体把握文章主要内容的能力；⑤读书看报的习惯培养，好读书，读好书，读整本的书。

高年级的目标要点：①继续加强词句训练，体会词句的含义、感情色彩和表达效果，尤其是那些含义深刻句子的言外之意、弦外之音；②不只能够把握文章的主要内容，厘清文章的表达顺序，还要能领悟基本的表达方法；③学习阅读不同文体的文章，体会表达上的特点；④学习浏览，进一步提高阅读的速度和质量，能根据需要收集和处理信息。

2. 总结提炼"目标设定与达成"若干策略

（1）导入直奔目标——课堂导入紧扣目标。开课即提出课文中的知识能力目标，其他教学环节紧紧围绕目标展开，突出其在课堂教学中的主体地位。

（2）流程围绕目标——目标设定、自主学习、合作探究、展示交流、总结提升。理想的教学流程应该是循序渐进、主线清晰、内容丰满、设计合理。我们实践并完善的教学流程始终围绕教学目标，层层推进，能使课堂教学目标达成度得到充分的提高。

（3）活动紧扣目标——自主学习、合作学习、展示学习，强调互动、体验。教学的本质是活动，设计有效的教学活动是达成教学目标的关键。目前的课堂，我们优化并完善自主学习、小组合作学习，展示学习策略，每堂课都紧扣教学目标设计出精彩的学生活动，使课堂学习焕发出生命的活力。

（4）练习强化目标——动起笔来，如圈画、批注、练笔等。我们明确提出"3+1"课堂，四分之一的时间用来练习、动手实践，并要求学生动手进行圈画、批注、练笔。我们在练习中最突出强化目标达成意识，因为练习是为达成教学目标服务的。

（5）小结拓展目标。一般在课堂的结束环节，教师将会对本课所学的知识要点、主要方法、重要观点等做一个简单的梳理，着眼于促进课堂教学目标的达成。

（二）主要成效

1. 促进学科发展

（1）语文科组被评为深圳市中小学教师专业发展基地优势学科，学科教师通过以课题为依托的更高层次的平台进行教学交流与展示。

（2）承担广东省教师实践基地跟岗学习任务。2016年10月间，学校接纳来自韶关、河源、汕头地区的14位语文教师到校跟岗，由课题组成员担任导师，既帮助跟岗教师提升，又锻炼自身，还把研究成果进行传播。

（3）整理课题研究成果，开发教师继续教育课程"小学语文目标设定与达成策略"和"小学语文课堂教学过程设计策略探究"，并通过市级继续教育课程评审，由课题组教师负责授课，把研究成果向全市推广。

（4）整体教研水平提高，基本研讨模式形成。"一课一议一点评"的研讨模式简单高效，受到广泛认可，在区域内推广。

2. 促进教师发展

近两年，语文科组有14人次在专业刊物中发表论文，68人次在区级以上教学竞赛中获奖。

（1）教师目标意识显著增强，成为课堂教学的首要思考。

（2）转变教学方式，教师成为学生学习的组织者、合作者、引导者和促进者，学生在课堂中的主体地位得到体现。

（3）教师参与研讨意识增强，在研讨中敢评、能评、评好。

3. 促进学生发展

两年的实践研究有效提升了学生语文能力和素养，在现场作文、童话创作、诗词吟诵等学科竞赛中获区以上奖励206项。

（1）成功培养了学生的自信心。本课题为不同层次的学生提供了表现的机会，并尊重他们之间的差异。比如小组合作学习，有利于学生思考问题，更利于学生理解掌握教学。在合作学习中，学生的体验是快乐、幸福。在小组这种宽松的氛围下，学生的参与是积极的、思维是活跃的，使不同层次的学生获得不同的发展。

（2）有效提高了学生的学习能力。本课题的实验过程让我们看到了新的课堂景象，学生参与面更广，机会大大增多。在这种参与互动和体验中，学生容易找到学习的渐进区，互动交流体验的机会大大增多，使每个学生都能体验成功的快乐。

（3）优化了学生的学习方式。课题研究以来，教学方式不断改变，课堂中的自主学习、合作学习、展示学习教学策略促使学生改变学习方式，不断优化，学习更自主，预习环节更有效。中年级的互动式课堂特色鲜明，高年级的合作探究式课堂有一定成效。

（三）文本成果

（1）小学语文人教版教材5—12册每篇课文的语文能力目标体系。

（2）课题研究发表的相关论文。

（3）开发4门教师培训课程。

八、思考与展望

（一）为学生的学习创设更好的环境和平台，研究更多有效的策略

课题研究有所调整，目标多由教师指引。这也说明在传统教学下，学生已固化地对课文进行理解，而未能对文本写作形式进行思考，需要后续研究继续加强，进一步提高学生的语文素养和能力。

（二）更新教师的教学理念，提升教师教学综合能力

年级之间、教师之间发展及研究力度不够均衡，存在差异。走进课堂做研究和带着主题做研究的理念还不够深入，有的教师传统教学观念仍较强。通过进一步学习培训，更新教师的教学理念，提升教师把握教材、处理教材和驾驭课堂的能力仍是努力的方向。

（三）深入课题研究，开发"目标体系"配套读本

我们的课题虽然经过了一些理论学习和研究探讨活动，基本形成目标体系和教学流程策略，但由于教材的改版，之前探索形成的体系面临重大调整。今后需要继续调整研究对象，对统编版教材进行深入研读，完善目标体系，同时开发配套图书，强化师生目标意识，提升学生的语文能力和素养。

参考文献

［1］吴忠豪.小学语文课程与教学论［M］.北京师范大学出版社，2004.8.

［2］吴忠豪.从教课文到教语文——小学语文教学专题行动研究［M］.高等
　　教育出版社，2012.3.

［3］王守恒.小学语文教学与研究［M］.人民教育出版社，2006.9.

［4］石景章.求真务实的教学火花［M］.花城出版社，2005.8.

［5］吴姗婷.浅谈语文教学中的读写结合［J］.教育苑萃，2010.8.

紧扣课程内容，借助读写结合
发展语言文字运用能力

——以环境描写为例谈语文教学中的读写结合

深圳市坪山区坑梓中心小学　张　珂

当前语文教学中，教师怕教作文，学生怕写作文。问题的关键在于阅读教学中不能准确把握语文课程性质，陷入了教学误区，花大量时间对课文内容及思想内涵进行分析，缺少语言文字运用的实践训练，导致课程要素得不到有效落实，语文能力得不到发展和提高，长期处于一个较为低下的水平。教师应该准确把握语文的课程性质，回归语文教学的本真，以发展学生语言文字运用能力为己任，熟悉教材及其内在联系，充分把握学段学习目标的课程内容，在教学实践中坚持走读写结合的道路，切实提升课堂的有效性，以此培养学生想写、爱写的兴趣，提高学生的写作能力和水平。

在当前的小学语文教学中，最受关注且最为重要的莫过于作文了，但最不受师生重视的恰恰也是作文。提到作文，教师说得最多的是"不知教什么、不知怎么教"；学生说得最多的也是"不知写什么、不知怎么写"。不少学生一写作文就感到特别害怕，避之不及，总觉得无话可说、无从写起，常常是三言两语就把一篇文章写完了，既空洞无物又苍白无力。是缺少写作素材吗？答案当然是否定的。就目前而言，学生见多识广，特别是城市学生，眼界更为开阔，加上网络的普及应用，可供选择的写作素材足以满足学生的需要。究其原因，还是教师在传统的语文教学中重教材、轻课程，重课文内容分析、轻语言文字的积累与运用，更忽视了利用课文这一例子进行写作方法技巧的指导和训练，导致不少学生能够很好地阅读文章，却不知怎样吸收文中的"营养"。如果我们能够进一步把握语文性质，紧扣课程内容，通过读写结合的方式加强语言文字运用练习及写作方法指导，定能对学生写作能力的提升起到直接作用。

一、读写的意义及对语言文字运用能力提升的价值体现

小学语文课标指出，语文是"语言文字运用的综合性、实践性课程"，"工具性"与"人文性"统一是其特征，"学习语言文字运用"是其要任。研究者指出，语文课程的本质是学习语言文字的运用，是"实践性"的课程；涉及的目标非常广泛，是"综合性"的课程。语文教学目标指向语言文字运用，就是要使学生初步学会运用语言文字进行交流沟通。在此过程中，吸收古今中外优秀文化，提高思想文化修养，促进自身精神成长，就是"工具性"与"人文性"的统一。对于语文教学"发展学生语言文字运用能力"来说，读、写分别扮演的是什么角色，与读写结合又有什么内在联系呢？

1. 读是语言文字输入的主要途径

语言学习理论认为，语言能力的提高首先依赖于大量的语言输入。语言输入是学习者学习的蓝本，也是学习过程的起点。没有语言输入，根本谈不上语言学习。读是语言输入、文字积累最主要的途径，是发展语言文字运用能力的基础。只有通过输入语言文字信息，并在大脑中激活思维，才能得到能力提升的反馈。

2. 写是语言文字输出的综合体现

语言输出不仅仅是语言的运用和表现，也是语言学习不可或缺的一环。如果没有语言输出，要真正掌握一门语言是不可能的。相对于读，写则是语言输出的重要渠道，是通过思维分析处理"读"后输入大脑的信息，并通过语言文字进行表达的形式。大家都知道这样一个定义："语言是人的思维的物质外壳。"也就是说，写出来的语言文字正是人思维的反映，是语言文字运用能力发展最综合的表现。

3. 读写结合是发展语言文字运用能力的有效措施

《九年义务教育小学语文教学大纲》指出："作文教学要与阅读教学密切配合。""在作文教学中，要引导学生把从阅读中学到的基本功运用到自己的作文中去。"这就明确告诉我们，阅读是写作的基础，是内化的吸收；写作是运用，是外化的手段。读写两者相辅相成，读是理解和吸收，写是表达和运用。吸收有助于表达，表达的运用又可以加深理解。阅读中指导学生观察事

物、遣词造句、连句成段、连段成篇的方法，虽有内化吸收、外化表达之分，但也有共同点。两者都以生活为抓手，以思想认识为前提，以语言文字为工具，学习顺序都是从字、词、句、篇循序渐进的，两者是同步的。因此，在我们的语文教学中，一定要强化阅读教学，强化读写联系，做到读写互渗、完善结合。

处理好读写的关系是小学语文教学的基本问题，读写结合是提高学生阅读能力和写作能力的有效途径。教师要理顺读写的关系，智慧地把握两者结合的策略，不失时机地对学生进行读写训练。将训练真正落到实处，学生的作文能力才会逐渐提高。

4. 读写结合是实现课程标准的重要途径

说到读写结合，留给我们最大的问题莫过于"读什么、怎么读""写什么、怎么写"。当前课堂上落实的读写结合，我们听到最多的是补充课文留白、续写或改写课文、写读后感等。这几种方式并非不可取，只是都是指向写的内容。试问，学生作文味同嚼蜡缺的是内容吗？不是，缺的是方法，缺的是技巧。对于小学生来说，学习写作方法、技巧最行之有效的就是仿写。仿写什么？仿写符合语言文字运用能力发展需要的课程内容。

课程内容是指为达到课程目标而选择的事实、概念、原理、技能、策略、习惯、价值观等要素。就语文学科而言，学生必须掌握的可以终身受用的语文知识、方法和技能，应该是相对稳定和不可替代的。简单地说，就是在语文课上教师应该教的、学生应该学的内容。课标对各年级读、写方面的学习目标都有明确要求，都是由浅到深、由易到难，符合学生"认识—理解—运用"的认知发展规律。以写为例，低年级写话以培养兴趣、以写代说、乐用词语、学用标点为主；中年级提出的则是乐于表达、直抒感受、运用语言、用准标号；到了高年级，要求更是提升为理解写作、积累素材、分段表述、文从字顺。这个逐步提升的过程如果仅在每册教材的习作中落实，显然是无法完成的，需要教师引领学生读懂字、词、句、段、篇的结构特点及使用方法，持续不断地进行仿写训练，最终达到发展语言文字运用能力、逐步提高作文水平的目的。人教版每册教材的每个单元，甚至个别课文对课程内容都有明确的指向，给读写结合提供了很好的切入点。

（1）从教材体系中寻找读写结合点。人教版各册教材均有鲜明的课程内容，给读写结合提供了素材。如人教版语文教材第七册第一组课文，主题为"感受大自然"，文章的表达方式为认真观察后的平实叙述。第十一册第一组课文，主题同样为"感受大自然"，但与前者的区别在于文章的表达方式采用的是感受后的联想延伸。两组课文表达方式上的不同，给两个年级的学生提供了不同的仿写形式，教师如能抓住这一点，对文章的表达方式进行模仿，既符合学生的认知规律，又对学生能力的发展有所递进与提升。

（2）从单元导读中寻找读写结合点。人教版教材每组课文前都有"课文导读"，其中大部分都有课程内容的要求，也给读写结合提出指引。如第九册第三组"初识说明文"的导读中提出了"了解基本的说明方法，并试着加以运用"的明确要求，教师可在学习说明方法后让学生对拟定的事物进行仿写训练，通过仿写掌握举例子、列数字、分类别、打比方等说明方法。

（3）从教材编者提示中寻找读写结合点。人教版教材中，一些"黄泡泡"及课后思考题也有作为读写结合的训练点。如第七册课文《白鹅》中第一个"黄泡泡"标的是"联系上下文，我体会到这句话（好一个高傲的动物）在全文中的作用"。这句话是全文总起，全文结构为总分，以此可以仿写总分结构式作文。又如第十册课文《桥》的课后思考题："文中多处关于大雨和洪水的描写"与人物的关系，其实质为"环境描写对人物形象的烘托"，学生也可在写人作文中加入环境条件的仿写。以上两个仿写的点均是符合这两个年级写作要求的。

（4）在课文内容中寻找读写结合点。①从词语入手，在阅读中引导学生认识词语、仿词造句，如各类型的叠词；②从句子入手，了解句子表达方式，仿写比喻、拟人、排比等修辞类型的句子；③从典型段落入手，弄懂文段的结构及写法，加以模仿和再造；④从标点入手，通过仿写正确认识和学习运用恰当的标点。

二、进行读写结合有效教学，正确认识语言文字的运用方法

当我们确定教材中的读写结合点后，接下来就要思考如何进行有效的教学，让学生"能读懂、会仿写"。在这个过程中，必须把"读懂仿写的方法"放在重要的位置，因为只有明白方法才能进行模仿，才能发展语言文字运用能力。教学中要对教材做出取舍，放弃或轻视与模仿对象无关或关系不大的部

分。如果眉毛胡子一把抓，重点得不到凸显，则结果一是学生对方法即"如何仿"理解不够，二是课时受到挤占，写的时间得不到保证，教学难免又会落入俗套，变成"穿新鞋走老路"。下面以第十册课文《桥》的环境仿写做一个案例剖析。

《桥》教学过程

一、故事引入

讲述罗盛教舍己救人的故事，引导学生明确"环境描写突出人物品质"的写作手法为本文的学习目标。（板书：环境描写突出人物品质）

二、阅读课文

1. 学生根据预习弄清本文的主要人物及主要内容。

2. 请学生默读课文，找出描写环境的句子。（板书：雨大、水猛、桥险、人乱）

3. 体会上述环境描写对党支部书记的精神品质有什么作用，教师点拨指导，学生朗读课文第一至五段直接进行环境描写的部分，概括环境描写突出一个"险"字，并板书。

4. 理解老支书救人时"镇定""果断"的表现及"舍己救人"的品质，分别板书。

5. 回归目标，体会在"险"的环境下，更凸显老支书"舍己救人"的品质。

6. 感悟环境描写对突出人物品质的作用，讨论若缺少环境描写，课文表现力会如何。

三、拓展训练

第一步：例文再现，总结写法，再找同类型短文进行阅读，加深学生认识。

第二步：仿照课文写法，教师创设"放学后班长独自一人完成清扫工作"的情景，让学生拟写天气因素、教室脏乱程度等环境描写，突出班长工作认真负责的品质。

1. 明确教学目标，确定读写结合点。

把仿写训练确定为教学目标非常重要，直接关系到教学效果。《桥》一课在课后思考题中明确提出"环境描写对人物品质的烘托作用"，这个写作技巧在高年级进行仿写训练是非常适合的，作为学习目标的设定也是准确的。

2.利用教材内容，读懂写的方法。

在阅读教学中，一定要把教材和写法结合起来，不能搞"两张皮"。我们只有借助课文，读懂具体的写法，进一步消化吸收，才是语文学习的正道。在这一课的教学中，每一步都紧紧围绕"环境描写"开展，从认识"什么是环境描写"，到体会"环境描写"对人物品质所起的作用，再到体会"环境描写"与人物行为的关系，一步步引导学生认识、理解、体会要仿写的内容和方法，突出读写结合的实际效果。

3.提升写作方法和技巧，发展学生能力。

光说不练假把式。语文的最高境界是运用，不论认识与理解做得多到位，如果不运用，不能作用到发展学生的语文能力，只能是空中楼阁。这一课设计的最后环节是仿写训练，写之前也可进行说的训练，为写进一步奠定基础，以体现和发展学生的表达能力。

三、落实读写结合策略，发展语言文字运用能力

写是学生的自我表达，是自内而外的输出，所以要注意培养学生两方面的能力，做到观察、思维、表达密切结合。一方面是用词造句、连句成段、连段成篇的能力，即表达能力。另一方面是观察事物、分析事物的能力，即认识能力。写要从说开始，由易到难，分步到位。

1.说是写的基础，低年级更要注重读说写结合

口头语言的发展是书面语言发展的先导和基础。当我们确定读写结合点，并通过教学掌握方法后，应当安排说的过程，让学生把想写、如何写先说出来，然后再动笔也不迟。特别是在低年级，写话便是在说话的基础上进行的。该阶段的主要任务是训练学生写好几句话，做到有内容，语句完整、连贯。说是内部语言转化为书面语言的桥梁，想得清楚，说得就清楚，写出来就明白。

2.仿是写的开始，扎实走好每一步

模仿是学生的天性，而仿写是学生学习作文的重要途径和训练形式，是从阅读到独立习作过程中起桥梁作用的一种有效的训练手段。借助范文读懂写的方法后指导学生进行仿写，激发学生的写作兴趣，提高写作能力，逐步发展创造思维，大大提高学生的语言文字运用能力。

（1）仿写词句，锻炼学生的基本功。词语句子是课文的载体，是语文教学的着力点。在教学中，教师要结合年级目标，挖掘课文中的内容，善于捕捉课文中运用精当的词语和刻画生动、描绘形象的句子，及时加以揣摩仿造，引导学生从仿写中发现和理解精彩词语和优美句子，锻炼学生语言文字运用的基本功。这种基本功在低年级及中年级初期奠定，大大提高了学生语言文字的表现力，给作文增色，给人赏心悦目之感。

（2）仿写段落，增强学生语言文字运用的能力。到了中年级中后期，教师在阅读教学中要善于寻找课文中有特色的精彩语段，引导学生体会作者的情感表达，感受语言的魅力，进行有针对性的仿写训练。让学生积累描写人物语言、动作、神态、心理活动的词语，进一步夯实语言文字运用的基本功；掌握开门见山、设置悬念、渲染气氛的作文开头形式，以及总括全文、篇末点题、前后照应、令人回味的结尾技巧。

（3）仿写写法，提高学生的写作水平。每一篇课文都有值得学习的写作方法，而要写好一篇作文，恰当运用写作方法十分重要。教师要有意识地指导学生模仿、借鉴好的、适合自己的写作方法，形成自己的写作思路，掌握写文章的"格"，这是高年级学生应该慢慢掌握的写作技巧。上文《桥》一课的设计就是这个规律。因此，我们平时要严格按照文体写作要求进行训练，熟练掌握每一种文体写作的"格"，就可以循规为圆、依矩成方，进而轻松愉快地进行表达实践。

3. 创是写的提升，使语言文字运用得到真正发展

如果说模仿是读写结合的基点的话，那么当"仿"有型后就应该把"创新"作为读写结合的支点。培养学生写作的创新意识，是使读写结合从根本上得以实现和超越的一个转折点。读写结合的创造，主要是指内容的创造，就是鼓励学生在学习课文形式的基础上选择新颖的、独具特色的内容来写，鼓励学生在写作内容上的求异，从而力求在写作训练中反映出学生的个性色彩和创新精神，实指表达形式上的创新。

阅读和写作是紧密结合在一起的。阅读可以帮助学生积累语言材料和思维材料，借鉴写作样式；写作在一定意义上则是阅读的运用，对阅读有促进和强化作用。读写紧密结合有利于提高阅读教学的效果，更好地实现语文教学的整体目标，发展学生的语文综合能力。读写结合需要教师的坚持，坚持把它植入自己的教学中，坚持把它植入学生的学习中，就会绽放出教师高超的教育艺术和学生高超的写作能力。相信经过长期的积累和训练，学生的语文能力定能得到提升，作文自然也会变得有血有肉。

紧扣课程内容，强化"语言文字运用"训练

深圳市坪山区坑梓中心小学 张 珂

在小学语文教学过程中，教师应紧扣语文课程的教学内容，深度挖掘课文，充分利用课文中的相关知识，对学生进行语言文字运用训练。

依据新课改的要求，我们在语文教学过程中应聚焦"语言文字运用"训练，这一点在小学语文课堂上显得更为重要。因此在进行教学前，我们都应该深度挖掘课文，全面了解学生的学习情况，从而在教学过程中做到从文本中找到语言文字运用训练的切入点，在课堂上有目的地培养学生语言文字运用的能力，让每一节语文课都成为"语言文字运用型"课堂。那么，该如何利用课文进行"语言文字运用"训练呢？在这里，我结合自己多年的教学经验做了一些探索。

一、以新课程标准为依据进行教学

例如在2011年版的《义务教育语文课程标准》中，低年级的阅读目标中有一项内容是这样的："结合上下文和生活实际了解课文中词句的意思，在阅读中积累词语。"因此，在教学《乌鸦喝水》一课时，我设计了以下教学环节：首先让学生读第一自然段，但是在阅读的过程中有一个任务，就是带着问题阅读："本文中乌鸦为什么要找水喝？"读完第一自然段以后，学生回答："因为乌鸦口渴。"接着我抛出第二个问题："平时你们口渴的时候感觉怎么样？"此时学生和大家分享自己口渴时的感受："口渴时非常想喝水。"这时候我开始引入以下内容："口渴需要水，所以经过观察我们发现'渴'的部首是三点水。"在解析完"渴"字以后，为了让学生活学活用，我又抛出以下问题："同学们，在本文中有哪个生字跟口渴的渴很相似？"学生找到"喝"字。我接着抛问题："它们一样吗？哪里不一样？"学生答："部首不一

样。"于是，我提问学生："谁能解析一下'喝'这个字？"在我的引导下，学生结合上下文以及生活实际理解性地记忆了"喝"和"渴"这两个字。

二、通过具体的课堂教学活动来训练学生"语言文字运用"的能力

1. 选准"语言文字运用"训练的内容，促进文本的"增值"

课堂为"语言文字运用"教学的实施提供了场地。在每节课的教学过程中，教师都应以努力实现向重"语言文字运用"的转变为目标，清楚每堂课存在的意义并以此指导语文教学，让小学语文教学有的放矢。教材中的每一篇课文都是精挑细选出来的，这些课文都很有特色。因此，每一位教师都应对教材进行透彻的解读，深度挖掘课文，找准"语言文字运用"训练内容，有效利用现有的资源，让每一篇课文都能成为"语用型"教学内容。因此，选准课文中"语言文字运用"训练的内容显得尤为重要。

例如在教学《北京的春节》一课时，我设计了这样的课前导入："问题一：同学们，你们喜欢春节吗？问题二：你们的春节是在哪里过的呢？问题三：春节前后都有哪些习俗呢？"通过我的三个问题，学生很快融入了课堂，七嘴八舌地讲述着不同地方五花八门的春节习俗。然后我又说："听了大家的讲述，我都想去过一过你们家的春节了。大家说得都挺好，如果现在让你们写一封信给某一个人，具体描述一下你过春节时的情景，你能写出来吗？这时候该如何写呢？"在这个过程中，先让学生口头表达，这就训练了学生的语言运用能力，在此基础上找准机会训练学生的文字表达能力。但是，书面表达比口头表达难度更大，因此教室忽然安静了很多。接着我继续引导："看样子同学们在写如何过春节时遇到了一些困难，那么这节课我们就走进《北京的春节》，看看作者是怎么写北京的春节的，北京的春节又有哪些习俗呢？"通过这个过程，教学目标明确了，教师带着教学目标授课，学生朝着教学目标学习。在课前的调动下，同学生进入了积极的学习氛围，逐步进入感知、积累、揣摩、运用等各个环节中。学习这篇课文后，学生知道了如何写春节，完美地实现了从"文本"走向"语言文字运用"的过渡。

2. 从文本的语言特点入手，巧设"语言文字运用"训练点

由于语文教材中的每一篇课文都是精挑细选出来的，所以在每一篇课文中

都有精准的字、优美的词和精彩的句段以及特别的句式，甚至有的课文整篇都是经典，值得我们每一个人去学习、模仿，是学生模仿的典范。因此，教师可以从一些经典的课文入手，将课文中的语言特点清晰地展示给学生，然后引导学生利用这些特点进行语言文字运用的训练。

例如在教学《狼牙山五壮士》一课时，该文中的一个"壮"字用得非常精准，将五位战士的顶天立地和视死如归体现得淋漓尽致。因此，我引导学生在运用语言文字时选用合适且精准的字，将想要表达的内容叙述得更加生动。

又如在教学《桂花雨》一课时，文中有一句描写桂花的内容："桂花盛开的时候，不说香飘十里，至少前后十几家邻居，没有不浸在桂花香里的。""浸"这个字本来是表示浸没在水里的意思，可是本文作者的文学功底非常深厚，一个原本不适合本文的字，却被作者用得如此出神入化。在这里，"浸"字不只形象地写出了桂花的香气，还让桂花的香永远留在人们的心里。因此，在小学语文的阅读教学中，教师要善于发现和利用语言材料，筛选和提炼训练要点，引导学生善于发现这些有意境的语言表达方式，并且训练学生掌握这些生动的语言表达方式。

以上两个实例展示出课文中一些内容的语言特点，这些需要教师去发现和利用，然后以适当的方式展示给学生。但是，如何训练学生的语言文字运用能力呢？例如在教学《胖乎乎的小手》这一课时，课文中出现了很多规范性的文字可供学生学习模仿。为了让学生能有效积累和运用这些文字，我设计了以下教学过程：首先，我先给学生展示出以下三个句子："这胖乎乎的小手替我拿过拖鞋呀！""这胖乎乎的小手给我洗过手绢啊！""这胖乎乎的小手帮我挠过痒痒啊！"把这三个相似的句子放在一起，让学生一边读一边比较，看看他们对这三个句子有什么感受，然后让学生在文中圈出"替我拿""给我洗""帮我挠"。虽然这几个词语是我们生活中常用的，但是用到本文中让我们感受到作者产生了一种特殊的感情。此时，我引导学生在阅读的时候深刻体会这几个动词的巧妙运用。接下来，我再次出示"小手帮我拿拖鞋""小手帮我洗手绢""小手帮我挠痒痒"这样的句子，深入分析"谁帮谁干什么"这种句式的具体写法。最后在分析完句式以后，要求学生当场进行"语言文字运用"训练，请学生仿照这类句式造句："谁替谁干什么""谁给谁干什么""谁帮谁干什么""谁为谁干什么"。在这个教学过程中，学生既学习了课文的语言表达方式，又能在说和写中运用，从而逐渐提升学生的"语言文字运用"水平。

3. 利用优美语段，进行仿写练习

众所周知，文学创作的重要方法之一就是仿效文本，然后进行创新，孕育出更为优秀的作品。小学生这个年龄阶段的特殊性在于具有很强的模仿能力，因此在小学语文的教学过程中要引导学生模仿经典的课文，仿写相似的语段。

例如在教学《珍珠鸟》一课时，课文通过生动的描述，使读者能够感受到珍珠鸟像是顽皮可爱的孩子，而作者对珍珠鸟也十分爱护，如"见我不去伤害它，便一点点挨近，然后蹦到我的杯子上"。为此，在课堂教学的过程中，可以要求学生根据这段描述进行仿写，且仿写内容要有章可循。此时，学生会充分发挥个人的想象力，对小猫咪或者是小狗的动作进行描述，如"小猫咪的身手敏捷，轻轻一跳就能跳到桌子上"。根据以上课例分析发现，仿写并不应局限在教材内容中，而是要将文章中例子的作用充分发挥出来，凸显经典语句的优势，使学生的思路得到拓展，不断增强个人的写作能力。在验收成果时，同学们能够详细地描述对某种小动物的喜爱之情，效果很好。仿写段落的练习不可间断，必须通过长期积累才能让学生沉淀下来，将语言文字运用得灵活生动。

总之，在小学语文的教学过程中，教师不能照本宣科，不能为教学而教学，而应以学生的运用能力为中心展开教学。在教学过程中，教师通过课堂中的各个教学环节不断训练学生，从而提高学生对语言文字的运用能力。

小学语文教学如何更好地进行读写结合

深圳市坪山区坑梓中心小学 张 珂

为了提高学生阅读和写作的能力，教师在小学语文的教学过程中需要训练学生读写结合的能力。在小学语文教学中，如何更好地进行读写结合也是教师比较关注的问题，本文就此进行研究分析。

阅读和写作在语文教学中有着同样重要的地位，学生对字、词、句、篇的掌握以及对听、说、读、写能力训练的最有效途径就是读写结合。读写结合是将阅读和写作有效结合，不只是新课标倡导的一种新型教学理念，更是学生提高语文学习能力的一种基本手段。阅读可以提高学生的语文感悟能力，写作可以提高学生的语文表达能力。通过长期训练读写结合，可以使得学生同时具备感悟能力和表达能力。读写结合已不是新词，已经有很大一部分教师在语文教学中实践、探索以及运用了。

一、分析学生阅读兴趣

从小学生的角度出发，阅读方面的兴趣会直接影响他们在课堂中的积极程度。为了更有效进行小学语文课堂中读写结合的教学，使学生对课文达到深度理解，教师需要在课前全面分析学生的情况以及学生的兴趣，在开展课内教学时使用风趣幽默的语言，调动学生的积极性。同时，还需要根据学生的兴趣引入适当的课外阅读，在提高学生学习积极性的同时有效拓宽学生的写作视野。

二、在小学语文教学中如何更好地进行读写结合

1. 引导学生体会文本表达方法，学以致用

在阅读教学过程中，教师要注重引导学生感悟文本在表达方面的特点。通过教学实践我们深刻感受到，在阅读时适当分析和渗透写作的相关技巧，可以

帮助学生逐步积累一些表达方面的知识，从而促进他们对文本内容的理解和感悟，帮助学生更好地写作。在教学中，教师要通过课文分析一些作文常识。从中年级开始，教师应该结合阅读教学让学生逐步领悟作文常识有先总后分、先概括后具体、先具体后归纳等常见的构段方式；按时间顺序写、按事情发展顺序写、按观察顺序写等常见的文章结构方式；记事要从时间、地点、事件、经过、结果等方面交代清楚；表现人物品质要通过行动、语言、外貌、心理活动来描写；写景状物应该抓住特点，按一定顺序进行静态、动态描写；文章常见的开头、结尾、过渡和照应等。

例如在教学《富饶的西沙群岛》一课时，首先通过课文的阅读，我们知道了本文的主要内容。全文围绕西沙群岛的地理位置和富饶美丽展开，整篇文章都充满了感情，表达了作者对西沙群岛的热爱之情。然后通过对课文的进一步分析，很容易得出课文是按照"总—分—总"的顺序来描写西沙群岛的。课文用了一个中心句"西沙群岛是一个风景优美、物产丰富的地方"来开头，对西沙群岛进行概括。接下来，课文分别对西沙群岛的风景优美和物产丰富进行了描述。风景优美主要描述了西沙群岛的海水很美，物产丰富主要描述了海底的珊瑚、海参、大龙虾、鱼以及海边的贝壳、海龟、鸟。结尾又用了总结性的语句来首尾呼应："西沙群岛将会建设得更加美丽和富饶。"在教学此篇课文时，教师不仅要引导学生领悟课文内容，感受作者的情感，还要引导学生掌握文章"总—分—总"的结构，掌握这类文章中首尾呼应的写作特点。同时，作者在文中用了很多比喻、拟人、排比等修辞手法，通过这些修辞手法描写出西沙群岛不一样的美。学生需要不断积累这些写作手法和课文里优美的语言，更加深刻地领会作者对西沙群岛的无比热爱之情。在学习完这篇课文以后，为了让学生趁热打铁，快速掌握本文的写作手法，课后我布置了写作的任务，让学生运用本课的写作方法写一篇赞美家乡秋天美景的作文。我的要求是让学生运用原课文"总—分—总"的结构，抓住家乡秋天景物的特点，按一定的顺序来完成，同时还要运用比喻、拟人、排比等修辞手法。在批改作文时，我发现绝大多数学生能联系实际，展开丰富的想象，借鉴课文中的写作方法，达到了学以致用的效果。

2. 通过加强课堂互动来帮助学生分析写作思路

小学生年龄大多在6—12岁，该年龄阶段的学生有一个非常显著的特点——

写作思路不清晰，这是造成学生不能良好写作的主要原因，从而使得学生对写作充满了畏难情绪。想要在教学中有效开展读写结合，教师应该增加与学生之间的互动，及时捕捉学生的情绪，了解学生的学习状态，从而及时做出适当调整。每个学生在写作时都有自己的思路，通过互动可以了解学生对阅读的不同感受，从而引导学生找到适合自己的写作思路并开展这方面的内容写作。

例如在教学《看雪》一课时，我首先抛出一个问题："同学们见过雪吗？"学生有见过的，也有没见过的，接着对见过雪的学生抛出下一个问题："你们在下雪天的心情怎样？"对没见过雪的学生提问："在电视上看到雪有什么感受？"通过课堂上的师生互动，调动学生学习的积极性，从而使学生提高阅读该篇课文的兴趣。虽然是同一篇课文，但是通过跟学生的互动，我发现每个学生对课文的理解都不一样，他们都有自己的感受。所以在给学生整理完文章结构以后，我让学生以看雪的心情为主要线索，说一说自己的感受。在这个过程中，我帮助学生厘清自己的写作思路，并且在课后布置了一个写作任务。因为在课堂上我帮助学生整理自己的写作思路，并引导他们找到写作方向，提高了学生写作的流畅度，所以学生掌握了一定的写作方法。

3. 挖掘阅读中的写作切入点，合理导入写作任务

不同的文章不仅在内容上有所区别，而且写作手法也不尽相同，因此学生只一味凭借自己的阅读是很难提高写作水平的。此时，教师通过阅读来引导学生进行写作，需要充分挖掘文章，并帮助学生找到文章的写作切入点。首先，充分挖掘文章有利于学生深刻理解文章内容。其次，在引导学生挖掘写作切入点时，可以使学生学习挖掘写作切入点的方法，从而在阅读其他课外内容时也可以轻松分析文章，并掌握相应的写作手法。

例如在教学《颐和园》一课时，由于该篇课文属于景物描写，我们接触到很多寓意优美的词汇，比如"正前面，昆明湖静得像一面镜子，绿得像一块碧玉。游船、画舫在湖面慢慢地滑过，几乎不留一点儿痕迹"。此时，我给学生解释作者在描写颐和园时所使用的词汇，并告诉他们这些词汇适用的语境。此时我有一个疑问："'慢慢地滑过'的'滑'应该是'划船'的'划'，作者为什么用这个'滑冰'的'滑'呢？"学生回答："用这个'滑'写出了昆明湖的静，这样写不仅可以使句子变得更生动，而且更能使昆明湖的静完美地体现出来。"这就是一个切入点，我现场让学生描述一个自己以往观看过的景点，并运用课堂中学习到的词汇。课后作业不是让学生背诵今天所学到的生词，而是利用这些词结合自己见过的景色写一篇描写美景的作文，此时，学生就能够举一反三、活学活用。

4. 增加学生练笔的机会

在教学中开展读写结合时，阅读与写作虽然同等重要，但是通过我的调研数据分析发现，在实际情况下，小学生的写作难度大于阅读难度。因此，在小学语文课程的教学过程中，教师需要从阅读教学入手，首先保证学生学习的积极性，然后逐步在阅读教学中引入写作教学的内容。此时的写作教学不是让学生当堂写一篇作文，而是根据阅读中学习到的写作手法，根据适当的情境当堂造句或者当堂写一段文字，通过这样的方式可以增加学生练笔的机会。

例如在教学《少年闰土》一课时，我给学生深入剖析课文，引导学生深入地分析文中描写场景以及人物的句子，其目的在于让学生掌握寓情于景的写作方法。我先展示我的练笔内容，让学生再次掌握寓情于景写作方法的精髓，然后让学生写出自己学习后的成果。此时增加了学生的练笔机会，同时也帮助学生养成了遇到好词好句随时记录以及爱好写作的良好习惯。读写结合得好不好，最好的检验方法是通过写作来完成的。写作内容的优秀与否离不开练笔，有效的练笔使得读与写有机结合，从而提高学生的语文感悟能力和语文表达能力。

总之，读写结合是语文教学的重要方式，同时也是语文学习的重要方式。阅读是写作的基础，而写作则反映出阅读的过程是否深入。在阅读过程中，教师必须有效设计写作的训练，不能为了完成任务而写作。教师应该结合自己的教学经验以及相应的语文课堂展开深入的思考，用心琢磨，争取达到读写合一的最高境界。

词语的温度从哪来

——以《丑小鸭》的教学为例

深圳市坪山区坪山实验学校　庄泳程

所谓"文字有温度，字词知冷暖"，如何让学生触摸词语的温度呢？本文以《丑小鸭》的教学为例，阐述了词语的温度来自文本的气息，来自生活的气息，来自儿童的气息。从教学的角度来看，文本气息的呈现重在科学的文本解读，生活气息的呈现关乎鲜活的生活教育理念，儿童气息的呈现体现为鲜明的儿童视角。

低年级教学的重点在字词，让学生触摸词语的温度无疑最为考验教师的功力。我近日观摩浙江名师余鹂教学二年级下册《丑小鸭》一课，余老师以文本中的叠声词为教学重点，从学生的视角出发，依托文本，联系生活，使叠声词的声、形、义鲜活形象地在学生心里绽放。学生学得兴趣盎然、轻松有效。

一、词语的出场带着文本的气息

课堂回眸：出示生字卡片，读文并学词。

师（出示卡片：暖烘烘）：太阳暖烘烘的，草堆里也是＿＿＿＿＿＿（生：暖烘烘的），鸭妈妈的心里更是＿＿＿＿＿＿（生：暖烘烘的），因为她的宝贝孩子快出世了。

师（适时出示卡片"蛋壳、破壳而出、空壳、裂开"）：一只只小鸭子从蛋壳里钻出来了，这就叫＿＿＿＿＿＿（生：破壳而出），然后这个蛋就成了＿＿＿＿＿＿（生：空壳）。

师：一个特别大的蛋，过了好几天才慢慢裂开，钻出一只又大又丑的鸭子。他的毛＿＿＿＿＿＿（生：灰灰的），嘴巴＿＿＿＿＿＿（生：大大的），身子＿＿＿＿＿＿（生：瘦瘦的），大家都叫他＿＿＿＿＿＿（生：丑小鸭）。

所谓"字不离词，词不离句，句不离文"，这充分说明了语境对于语言学习的重要性。汉字是一连串的符号，单独出现虽也有一定的意思，却未必有意义。由此，生字词的学习必须置于鲜活的语境之中，置于文本的动态运转之中。学生一开始就进入文本的"剧情"，词语的亮相和文本关系的交织应该是自然的，学生在阅读文本的过程中不知不觉就接受了新的词语。正如本课的生字词，它们不是孤零零地出现、不是硬挺挺地独处，而是带着文本的气息，有特定的情境，有具体的内涵，有鲜明的形象。在文本的气息里，"暖烘烘"既可以指向"太阳"，也可以形容"草堆"，更可以直指"鸭妈妈"内心的幸福；在文本的气息里，"壳"字不单指文本中的"蛋壳"，更可以衍生出"破壳而出""空壳"等词语。生字的首次亮相如此隆重而富有角色感、如此惊艳而富有形象感，浓墨重彩地镌刻在学生的心里，这样的词语才是有温度的。

以上课例启示我们，词语的出场不是随波逐流、随遇而安的，而是建立在对文本科学的解读以及结合教学目标有机取舍的基础上。①敏锐捕捉出场的内容，即哪些词语是需要浓墨重彩呈现的，这其中包括生字词，也包括富有个性的语言现象，如本课中的叠词。②恰到好处地把握出场的时机，避免识字与阅读的相互干扰，忽文忽字、停停落落容易破坏教学场。由此，要清晰掌握词语与文本的关系，让词语的出现自然而不生硬。③灵动选择出场的方式，不管是随文带词还是以词带文，其考虑的出发点在于方便学生的学习。本案例中，"暖烘烘"的呈现体现为对词语内涵的理解——既可指外在的天气，更可指内心的幸福；"壳"的呈现体现为对词语外延的补充——从"蛋壳"中"破壳而出"以及剩下"空壳"。这样的出场方式帮助学生更好地理解了课文，更有利于学生的学习。

二、词语的锤炼富有生活的气息

课堂回眸：品味叠词，感受小鸭们的丑与美。

1. 对比"哥哥姐姐们"，理解"美与丑"

师：身子瘦不是挺好看的吗？（出示课文插图一：丑小鸭与美小鸭们站在一起）说说哥哥姐姐们长得怎么样？他们的毛_____（生：黄黄的），嘴巴_____（生：小小的），身子_____（生：胖胖的），大家都叫他们_____（生：美小鸭）。

师：从这些叠词中我们可以感受到，丑的真的很丑，美的真的很美！

师：老师把描写丑小鸭的词语换一下位置，你有什么不一样的感受？

课件出示：①他的毛灰灰的，嘴巴大大的，身子瘦瘦的，大家都叫他丑小鸭。②他有灰灰的毛、大大的嘴巴、瘦瘦的身子，大家都叫他丑小鸭。

生："灰灰的、大大的、瘦瘦的"放在句子的后边更容易记住，读起来更舒服。

2. 对比白天鹅，体味"美与丑"

师（出示课文插图二）：当这一切都过去了，冬去春来，丑小鸭来到湖边，他忽然看见镜子似的湖面上映出一个漂亮的影子，他有_____（生：雪白的羽毛、长长的脖子），还有_____（生：大大的翅膀），还有_____（生：红红的嘴巴、圆圆的眼珠），漂亮极了。

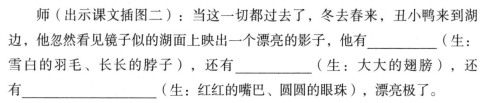

作为教学内容的主角，词语的出现不是昙花一现，而是始终处在舞台的中间。丑小鸭与美小鸭的对比、丑小鸭与美天鹅的对比，背后都是叠词的多次出场。选择叠词作为训练重点，是准确把握了文本的特征及学生的生活实际。就本文来讲，丑小鸭的"丑"从外形上体现在"灰灰的""大大的""瘦瘦的"等叠词中，叠词是本文最重要的语言现象；就学生实际来讲，叠词本就是学生生活的语言。如何让叠词的训练推动文本的理解，让学生切实掌握叠词的表达方式呢？本课教学给我们的启示是链接生活。二年级的学生有其"美与丑"的生活体验和审美判断，再配上文本鲜明的插图，让学生在描述美小鸭、美天鹅的过程中有了自己的叙述个性，也让学生在鉴赏叠词摆放位置的过程中有了基于生活表达经验的个性判断。由此，这些朗朗上口的叠词就有了鲜活的生活气息。在文本气息、生活经验的共同作用下，通过一系列的训练，叠词的涩味渐淡、香味渐醇，逐渐在学生心里生根发芽，开出美丽之花，有漂亮的外形、鲜艳的色彩，更有芬芳的味道、可触摸的温度……

链接生活、品味词语，不是简单地把生活与词语对接，而是在文本中发现生活，把生活的源头活水引入文本，努力使学生获得关于词语与文本理解的实际获得感。①精准捕捉文本与生活的交叉点。有了与生活的交叉，就有了学生基于生活经验对词语的理解，有利于学生对词语的掌握。课例中以叠词作为训练重点，就是基于学生生活语言的实际出发。②细腻分析学生的生活经验。学生是必须蹲下来才能看得真切的，其生活经验必然有其独特的归因方式。正如课例中对于"瘦瘦的"的理解。当减肥、骨感等词汇充斥在大人的世界里，作为孩子怎会"无动于衷"？由此，教师看似随意的一句"'瘦'不是挺好看的吗"就有了独具匠心的用意。③借助多种方式激发生活经验，比如借助插图丰富生活画面、借助语言渲染激发想象等。

三、词语的运用指向学生的气息

课堂回眸：看图写话，领悟叠词的妙用。

1. 看图写话，初用叠词

师：原来丑小鸭是一只漂亮的白天鹅啊。天鹅真美！同学们请看图，天鹅周边的环境也很美呢！谁来说说？（出示：湖水_____，柳条_____）

生：湖水青青的、绿绿的、柔柔的，柳条长长的、懒懒的、细细的。

2. 想象写话，再用叠词

师：一切似乎都变得那么美，周围的景色又是怎样的呢？发挥你的想象，用上叠词美美地描述一下。（出示：这时候，他再看看身边的一切，似乎都变得那么美好：阳光_____，天空_____，风儿_____，露珠_____，草芽儿_____，鸟儿们的叫声_____，还有小伙伴们的笑容都是_____）

生：阳光懒懒的，天空蓝蓝的，风儿柔柔的，露珠滚滚的，草芽儿绿绿的，鸟儿们的叫声叽叽喳喳的，小伙伴们的笑容都是甜甜的。

苏霍姆林斯基说，学生是用形象、色彩、声音来思维的。在看图写话中，学生的叠词之所以如汩汩泉水喷涌而出，是因为学生咿呀学语就会用的叠词带着厚厚的童年印记，有着鲜明的童年气息，这种气息所体现的就是鲜活的形象、鲜艳的色彩和鲜妍的韵律。文字与形象融合、与色彩交汇、与韵律同生，鲜活地绽放在学生的生命视野中，这就是词语的温度。于是我们看到，在学生的表达过程中，文字就像是一场与学生生命的相遇，碰撞出智慧的火花。在童真、童趣、童言中，课堂精彩不断，诗意自然流淌。选择叠词作为教学重点，从学到练再到用，思路清晰，逐层推进，词语的学习力透纸背，文本的理解水到渠成，真正达成了情与艺的相融相生。

这就启示我们，要让学生真正触摸词语的温度，教师要有鲜明的学生视角。学生的世界潜藏着大人们并不熟悉的生命密码，这是学生的天性所在，教学就是要遵循这种天性。①用形象丰盈理性认识。低年级学生的思维基本上是形象思维，而词语的内核体现为一种理性的认知。因此，必须借助一个个形象达成对于词语不可言说的理性认识。②用想象丰满空白。学生想象的空间广阔灿烂，却并不自觉，需要在教学中被激活。课例中呈现的想象写话是一种有效的激活手段，促进了学生对叠词的掌握。③教学力争体现一种诗性。学生的语言具有天生的诗性，文本语言又是如诗如画，这就为呈现诗性的语言课堂提供了可能。教学要努力体现诗的意境，让字词变成一幅画，让画面的呈现斑斓多姿，达成字词韵律美和形象美的和谐统一。

综上所述，词语教学要力争让学生触摸语言的温度。在学生学习词语的过程中，用科学的文本解读，努力让词语呈现文本的气息；用鲜活的生活理念，努力让词语呈现生活的气息；用鲜明的学生视角，努力让词语呈现童年的气息。唯有此，才能真正让"语言有温度，字词知冷暖"。

对提高小学生"语言文字运用"能力的几点思考

深圳市坪山区坑梓中心小学 张其龙

《语文课程标准》提出，小学语文教学应立足于学生的发展，为他们的终身学习、生活和工作奠定基础。这个基础就是"语言文字运用"能力。在教学实践中，学生语言表达能力普遍欠缺，主要表现在课堂上回答问题时说不出完整的话、不会具体地说、不能连续地说，这样的表达没有完整性、条理性和逻辑性。因此，提高学生的语言能力，规范语言表达，是小学语文教学的核心。

小学阶段的语文学习，要把提高学生"语言文字运用"能力放到首位，重视规范学生的口头语言和书面语言。

一、丰富学生的语言积累

正确理解和运用语言文字的根基是丰富学生的语言积累，没有足够的积累量就不可能灵活运用。只有语言积累多了，学生才能在说写中灵活运用。在平时的观察中，表达能力有问题的学生在积累方面是欠缺的。因此，通过各种方式引导学生的语言积累是语文教学的重要任务。

课堂教学中主动积累语言。课堂教学是语文教学的主渠道，是提高学生语言表达的主要教学实践，教师应有强烈的语言积累意识。语文教材中的课文均是文质兼美的文章，是引导学生语言积累的主要依据，教师应该引导学生认真读、反复读，感受语言、积累语言。如教学《桂林山水》一课时，在反复读的基础上，学生会对文中优美的语言有一定的感悟，并在感悟的基础上较好地积累，对文中用对比、排比等手法描写的桂林山水有深刻的印象。

通过作业强化积累。要把积累语言的意识贯彻在语文作业中，强化经典词汇或语句、段落的积累。要求学生的作业要科学，不布置机械重复的作业，但可以有意识地引导语言，如给定词语造句、给定词语写话、摘抄优美词句等。

在课外阅读中主动积累。《语文课程标准》明确了小学生的课外阅读要求，把课外阅读与主动积累结合起来，增强学生的主动积累意识，丰富学生的语言仓库。

二、学习完整地表达

学生的语言表达首先要注意完整地表达、具体地表达。

保证表达实践的时间，让更多学生有表达实践的机会。现在的课堂，学生在课堂上发言的机会很少，不是每个学生都有机会发言。应试教育也影响到了"语言文字运用"实践练习，一些必要的训练，比如字词的实际运用、语言表达的训练都被压缩掉了。因此，改革教学结构，设置学生实践、互动的教学环节，才能保证学生每节课均有机会进行语言表达的实践。

训练学生把话说通顺、说完整。一是做好示范。教师要多做示范，特别是低年段的教学，规范交际用语，也可以让一些优秀的学生示范，引导学生说好每一句话。二是抓好语感训练。多方式进行加强朗读训练是培养学生语感的方法，学生如果受到良好的朗读训练，平时说话时也会运用一些朗读技巧，把规范的书面语言转化为规范的口头语言。三是加强说话训练。提高学生选择词语、运用词语的能力以及造句、造长句的能力。四是概括能力训练。引导学生用自己的语言讲述课文内容或课外读物的故事情节，训练学生有条理地说话。在学生进行表达时，还要有规范语言的意识，发现同学语言不完整时要及时指正，或以互评的方式进行指正，使学生慢慢地把话说完整。

三、学习规范地表达

"语言文字运用"能力的另一个重要方面就是要规范地表达，主要指能根据语境准确地遣词造句，恰当地运用语法表达。现在，学生的表达问题主要是表达不准确、不连贯、不修饰、无内容、无章法。所以，语文教学要引导学生规范地表达。

选好表达训练的内容。教材中有些口语交际训练内容安排得不够贴近学生生活，与现实生活脱节，难以训练学生语言。在阅读教学中，对于适合进行语言训练的内容，要善于发现并设计好练习。

训练学生理解语言的能力。表达的基础是学习，要通过文本对学生进行语言学习指导，教会学生通过语言的形式理解语言表达的内容。

通过模仿学习表达。一是教学中让学生模仿文中一些优美的句子进行说话练习，这是提高学生口语表达能力的有效方法。如教学《匆匆》一课时，对句子"燕子去了，有再来的时候；杨柳枯了，有再青的时候；桃花谢了，有再开的时候"进行模仿表达，有的学生会说："月亮缺了，有再圆的时候；叶子黄了，有再绿的时候；太阳落了，有再升起的时候；河流干了，有再流的时候；风儿停了，有再吹的时候；机会逝去了，有再来的时候；影子歪了，有再正的时候；朋友散了，有再聚的……"二是抓住事件的几个要素训练学生说话，培养学生的说话能力。比如教学《桥》一课时，引导学生抓住事件的几个要素进行讲述。

规范用语，准确表意。在教学中指导学生准确地遣词造句，从而准确地表情达意。比如教学《一夜的工作》时，通过一句"花生米并不多，可以数得清颗数，好像并没有因为多了一个人而增加了分量"，可以引导学生发现表达的准确。

四、学习个性化地表达

"语言文字运用"能力强的表现是能个性化地表达。《语文课程标准》提出，要珍视学生独特的阅读体验，个性化地表达。个性化地表达从阅读教学开始，以阅读教学为主渠道，感悟如何个性化表达，并通过练习巩固提升。表达训练应重视保护学生想说就说、想说什么就说什么的天性，鼓励他们有创意地表达，让他们充分展示自己的个性。

提高欣赏语言的能力。要教会学生欣赏语言表达的个性体现，作者在具体情境中遣词造句、表情达意所透视出的个性特征和语言韵味，从而训练学生的语感。如教学《桥》时，引导学生欣赏文中大量简短句段的运用以及大量比喻、拟人的运用。再如教学《山雨》时，感悟语言的优美。

训练学生运用语言的能力。一是口头语言训练。口头语言一般用词比较简单，语法结构也比较简单，句子一般比较短，主要在日常学习生活的对话中使用。教师应在教学中创设条件，让学生有更多的机会进行叙述、交谈、讨论，还可进行一些专题活动，如辩论、演讲等。二是书面语言训练。书面语言比较正式，用词要注意符合表达规律，结构较口头语言更为复杂，句子更长，更能灵活表达自己的个人想法，主要通过简短的书面表达、写作等进行训练。每节课进行必要的书面语言训练，能起到量变促质变的效果。

浅议小学语文阅读教学审美化

深圳市坪山区坪山实验学校 赖婉茹

小学语文阅读教学审美化是以美的规律来规范和优化语言实践行为。要求教师遵循教学审美化的原则，运用审美形式来表现教学内容，注重学生的情感需要，使学生获得美好的心灵和高尚的审美情操，促进其审美能力和心理能力的发展。本文充分肯定了小学语文阅读教学中审美教育的重要性，并结合小学语文阅读教学的实践进行了论述。

一、小学语文阅读教学审美教育的缺失

小学语文阅读教学审美化要求教师用审美的眼光纵观教学活动，用审美的理想全盘考虑教学过程。教师应具有深入挖掘和提炼文本所蕴含的美的能力，并能根据学生的特点充分调动学生的情感体验，形成正确的审美观念，提升学生的审美品质，提高其文化品位。但是长期以来，在小学语文阅读教学中都有意无意地忽略了教学活动美的属性。

审美在当前语文教学，尤其在阅读教学中的缺失已是一个不争的事实。面对小学语文教学审美教育的现状，如何落实语文阅读教学的审美，是值得思考的问题。

二、小学语文阅读教学需要审美

教学内容的审美化直接影响到学生对学习内容的兴趣和探究的欲望，也关系到其审美能力的发展，是教学审美化的基础。由此可见，对于教学内容的审美把握，教师起主导作用。这也就意味着教师必须具有较高的文学素养，有深厚的文学功底，能敏感地捕捉到文本中美的因素、美的内涵。从另一个方面来看，也要求教师具有独特的审美技巧和方法，能创造性地进行审美教学设计、

53

创造性地实施审美教学、创造性地利用多种教学媒体和手段进行教学，使学习内容成为学生积极的审美对象，从而获得美好的心灵和高尚的审美情操。

1. 解读文本发现美

纵观所有学科的教材，任何学科的教学内容都蕴含丰富的美的因素，小学语文更是如此。因此，对语文教材的正确解读显得尤为重要。只有对文本有了正确、准确的解读，才能充分发现、挖掘文本中美的因素。从教师层面来讲，文本解读无疑是教师一项重要的基本功。钱梦龙老师说："解读文本是一件最能体现教师功力的活儿……一篇课文教什么、怎么教，能否教到点子上，能否让学生发现美、感受美，很大程度上取决于教师解读文本的功力。"

2. 多管齐下实现美

小学语文阅读教学审美化的课堂应该是一个完整的有机整体。小学语文阅读教学的审美化，需要教师通过灵活的教学环节和匠心独运的教学结构合理安排，利用教学媒体和教学手段，使学生思想受到启发，享受到审美的意趣。教师在实施课堂教学活动时要遵循教学审美化的原则，除了利用好教材这一载体，还包括精妙的教学设计、审美化的教学语言、审美化的板书，以及恰到好处、相得益彰的多媒体运用等。

三、小学语文阅读教学审美化的实践

教学过程审美化充分体现了教学的动态美、创造美。对于阅读教学而言，教学过程的审美化是其中的关键，也是灵魂。如果没有过程的审美化，再美的教学内容学生也不为所动，更无从感知、体验、积累和表达。下面从几个方面对小学语文阅读教学审美化进行实践和尝试。

1. 品读语言感受美

古人有云："读书百遍，其义自见。"朗读是小学语文课堂的灵魂，是融通语言和精神的学习方法。如教学《草原》时，为了让学生充分领略草原的辽阔、壮美、奇丽，教师通过设计多种形式的读来帮助学生实现这一审美认知。学生或浅吟，或轻诵，或抑扬顿挫，或豪情万丈。各种朗读的不同处理均发自内心真实的美的感悟，此时的课堂审美氛围达到了最动人的情景，五十个学生呈现了五十种草原风貌。就这样，经过个性化地读，学生的理解能力、形象思维能力和语言审美能力得到了大大的提高。

2. 体验探究发现美

在小学语文阅读审美化教学中，教师要极具创造性，力求以多样性、形象性、启发性的教学方法和手段吸引学生主动探究。让学生充分地自读、自悟，尊重学生独特的个人感受和需求。让学生得到自我探究的机会，积极地投入到语言实践的活动中去。如教学《触摸春天》一课时，教师让学生闭上眼睛，模仿安静的状态，体验双眼一片漆黑。学生热情参与，很快就进入了角色。此时，学生既感受到盲人的世界，也对"触摸"二字有了更深的了解和感悟。他们知道了盲人终日处于黑暗的状态下，认识、感知世界的方式很有限，更多的是借助于双手的感觉触摸。虽然"春天"不是具体的物品，无法通过直接的触摸来感知，但是通过闻、听，通过花蝴蝶、安静感受到了春天、触摸到了春天。就在这样看似游戏的氛围下，学生对语言文字有了更鲜活的感受，对安静的行为美、心灵美有了更深的认同和了解。

3. 创设情境体验美

现代情境学习理论告诉我们，学生在学习的过程中如有学习情境的帮助，将有助于实现对知识的主动建构。在小学语文阅读教学中，教师要努力创设情境。师生共同在特定的审美情境中由境生情，触及心灵，师生与文本间、师生间、生生间均产生了共鸣，收获了审美体验。如教学《再见了，亲人》一课时，字字含情，但学生对于抗美援朝战争的来龙去脉知之甚少，他们对残酷的战争场景更是无从知晓。上课伊始，教师播放了精心收集、剪接的关于抗美援朝战争的短片，其中包含黄继光堵枪眼、邱少云烈火烧身纹丝不动的震撼场景，以及1958年志愿军回国时朝鲜人民深情送别的动人情景。课堂上，教师介绍当时志愿军战士和朝鲜人民并肩作战，共同对抗美国侵略者，一起聚餐、一起劳动和生活的感人场面，最后在朝鲜人民和志愿军战士的临别赠言中结束这节课。就这样，教师通过成功地创设情境，大大激发了学生学习的兴趣，在体验审美情趣中感知学习的内容。

4. 合理拓展充实美

如何让学生及时地把审美体会转换成文字，读写结合是一个值得尝试的做法。从美育意义上来看，这个时候的练笔应该建立在学生激动的状态中，必须是他们有所感、有所想才能有所写。教师要敏锐抓住文本中的留白处，合理安排练笔、续写、扩写。如教学《老人与海鸥》一课时，学生被老人与海鸥的深情所感动，对老人给海鸥喂食、与海鸥交流的场景表现出极大的兴趣。这时，教师可以精妙设计，针对课文对老人与海鸥说话的情景写得比较简略设计练笔："同学们，请你结合文中海鸥的名字和当时的情景展开想象，老人还可能怎样呼唤海鸥？怎样与海鸥说话？把当时的情景写下来，注意把老人与海鸥的深厚感情表达出来。"这样的练笔练在文本的空白点上、练在学生的兴趣点上，最终落在单元的训练点上。这样的拓展练笔满足了学生审美情感的需求，实现了阅读空白的充实，是小学语文阅读教学审美化的有效手段。

综上所述，小学语文阅读教学的过程是陶冶性灵的过程。每一位语文教师都应该找准契合学生身心发育的审美点，精心美化每一个环节，唤醒学生纯真的心灵与情感世界，让他们在成长的旅途中始终拥有一双慧眼，发现美、追求美、欣赏美并创造美！

语文课堂放飞想象

——浅谈语文教学中想象力的培养

深圳市坪山区坑梓中心小学 谭俏娟

一、主题背景

想象是人类学习和智力活动的翅膀，也是创造性思维的心理基础。培养和发展学生的想象力，是开发学生智力和培养学生创新能力的重要途径。《语文课程标准》明确提出："语文教学要注重语言的积累、感悟和运用，注重基本技能训练，让学生打好扎实的语文基础。尤其要注重激发学生的好奇心、求知欲，发展学生的思维，培养想象力，开发创造潜能，提高学生发现、分析和解决问题的能力，提高语文综合应用能力。"语文教材充盈着想象，语文教学对于培养学生想象力具有得天独厚的优势。特别是文学作品，生动形象，感染力强，其优美的意境、典型的形象、深邃的思想意蕴足以引发种种联想和想象。

在语文教学实践中，教师的任务是要教会学生听说读写的能力，还要挖掘学生的潜力，发展学生的智力。可以说，培养学生的想象力是实现这一目标的有效途径。如今虽然实行素质教育，但在考评制度未有较大改变的前提下，受一些急功近利思想的影响，仍不免有走在应试教育老路上的情形。在教学实践中，语文教师应该充分利用课堂主阵地，因势利导，努力挖掘教材中各种有利因素，培养学生的想象力。

二、情景描述

在语言发展阶段上，小学生由中年级的片段性、模糊性逐渐过渡到高年级的整体性、清晰性。随着年级的升高，小学生语言想象力应具有的主动性、生动性、丰富性、新颖性、现实性等特质却日益低下，甚至严重缺失。

1. 思维方式单一化

在阅读教学的过程中，学生在记叙或描写一种事物的时候不知如何着手。如描写一朵花时，大部分学生都只是简单地写出花是什么颜色、花的形状怎样、花很美之类的词语；描写大海时，不少学生也会机械地写出海如何辽阔、海浪怎样、海风很凉爽之类的语句。至于花和海象征什么、比喻什么，或是更深层次的描写，很少有学生能写出来。

2. 写作手法成人化

成人化在小学生作文竞赛中表现得尤为突出。有的作文题材惊人的雷同，手法惊人的巧合；有的作文流露出的情感单调失真，如想到祖国就想到伟大的母亲，提到老师就想起蜡烛、春蚕；有的作文无病呻吟，矫揉造作。

3. 语言特点网络化

网络化语言受到学生的追捧。在平时的写作练习中，作文中充斥着诸如杯具、神马、我晕、7456等网络流行语，有的作文一旦词不达意便搬出省略号。批改这样的作文，常常令教师不知所云，哭笑不得。

三、问题探究

什么是想象力？《现代汉语词典》这样解释："想象力即在知觉材料的基础上，经过新的配合而创造出新的形象的能力。"由此可见，想象力的发生需有几个条件支撑。首先，要积累丰富的知识和生活经验。其次，要保持和发展自己的好奇心。最后，应善于捕捉创造性想象和创造性思维的产物，进行思维加工，使之变成有价值的成果。

小学生思维活跃、富于想象，但是他们丰富的想象力不是天生的。想象力的形成依赖于社会生活实践，依赖于教师的启发诱导。因此，在教学过程中，教师要注意对学生想象力的培养，引导他们多看、多听、多想，让他们的头脑里储存各种各样的表象，并且努力创造出想象的空间。那么，语文教学中如何培养学生的想象力呢？在长期的语文教学实践中，我做了一些探索。

1. 激发情感，唤起想象

情感与想象有着密不可分的联系，凡记叙文都熔铸了作者浓重的思想感情。在教学过程中，教师有必要创设一定的教学情境，以引起学生心灵的震撼和情感的共鸣，这对培养和发展学生的想象力十分必要。如教学《小桥流水人家》一课时，第二段描绘了这样一些情境：

我和一群六七岁的小朋友，最喜欢扒开石头，寻找小鱼、小虾、小螃蟹。我们并不是捉来吃，而是养在玻璃瓶里玩儿。

一条小小的木桥，横跨在溪上。我喜欢过桥，更高兴把采来的野花丢在桥下，让流水把它们送到远方。

在指导朗读时，我启发学生想象他们发现鱼虾、捕捉鱼虾的惊喜画面，想象野花缀满小溪，溪水会带着美丽的野花流向远方的情形。这样一来，学生的心与作者的心产生共鸣，促使学生入境动情——流水载着的不仅仅是野花，还有小女孩快乐的遐想和美丽的梦想！

2. 借助画面，丰富想象

图画是文章的高度概括，教师指导学生细致地观察图画，引导他们想象画中的情景，让他们展开想象的翅膀，丰富画中的内容。如教学《清明上河图》一课时，这虽是一篇以说明为主要表达方式的文章，但是文中对画面的描述生动具体，而且饱含着对作品赞赏的情感。文中语句"桥上桥下，许多行人驻足观看。从人们张嘴挥臂的动作中，似乎听到了船工们吆喝的号子声和众人的喝彩声"，教师在指导阅读时，可以引导学生展开想象，进入课文描述的情境。这个情境不单指画面上的情境，还有实际生活中的情境。学生仿佛真的看到了行人驻足观看、张嘴挥臂的场面，真的听到了船工们吆喝的号子声和众人的喝彩声，使学生如临其境、如闻其声。

3. 填补空白，发散想象

空白指的是作品以书写描绘的部分向读者所揭示或暗示的内容，也就是作品给读者留下的联想、想象和再创造的空间。在阅读教学中艺术地利用这些空白，发散学生的想象，能有效培养学生的创新能力。

如《威尼斯的小艇》第五自然段中描写道："青年妇女在小艇里高声谈笑，许多孩子由保姆伴着，坐着小艇到郊外去呼吸新鲜的空气……"青年妇女乘小艇去干什么，课文没有进行描写，此处可让学生展开想象说一说：去看戏、走亲戚、购物……还可以让学生想象一下，还有哪些人也要用小艇做交通工具去工作和学习。（邮递员、医生、老师、学生、工人……）通过一系列的想象，引导学生深切体会小艇与人们生活的密切关系，说明小艇是威尼斯人重要的交通工具。

4.异想天开，发展想象

爱因斯坦说："想象力比知识更重要，因为知识是有限的，而想象力概括世界上的一切，推动着社会的进步，成为知识进化的源泉。"所以，语文教学要鼓励学生展开想象，特别是异想天开的想象，这是培养创新能力的重要手段。如教学《新型玻璃》一课时，可让学生想象一下还能发明什么玻璃。学生思考片刻后，一件件新发明就诞生了：卡通玻璃、催眠玻璃、治病玻璃、自动除尘玻璃……

人们对美好愿望的追求，往往成为创造发明的强大动力。如今的学生生活在科学技术突飞猛进的时代，通过电影等多种媒体学到了许多成人未知的科学知识，他们爱看科幻书籍、爱问为什么、爱异想天开，科幻作文恰好满足了他们爱幻想的心理需要。所以，教师可以让学生发挥自己的想象力，把储存在头脑中的知识重新加工、组合，创造一些新形象，写一些相关的科幻作文。在阅读课外书《西游记》后，从孙悟空用自己的汗毛变出无数个小孙悟空的神话故事出发，引出人类复制自身的幻想，然后从"复制"这个词导出"克隆技术"的话题，以"假如我会克隆"或"我要……"展开想象，让学生在幻想中产生大量新奇大胆的创造成果。有的克隆珍稀动物（如熊猫），挽救濒危物种，保护地球生物的多样性；有的克隆鼠，适合医药领域的实验；有的克隆咸水鳗；有的克隆人体器官……

四、评析反思

学生想象力的培养有很多方法和途径，但需要指出的是，离开生活本身的胡思乱想不是创造性的想象。只有与生活愿望本身结合并指向未来，开拓思维的广度与深度，才是特殊的创造性想象。所以，在培养学生想象力的时候，要善于调控把握，不可没有逻辑、过于荒诞。

心理学告诉我们，想象是一种重要的心理活动，虽表现形式和程度不尽相同，但有一个共同的特征，都是受某一客观事物或意念的刺激，在人的心理机制作用下生发开去，创造新形象、产生新事物的心理过程。这就清楚地告诉我们，发展学生的想象力，就要掌握这些想象发展的规律和过程，教会学生凭借事物或心理意念浮思联想、善于生发、展翅翱翔。鉴于此，我们在教学过程中必须做到：一是引导学生善于观察，广泛阅读，为想象做丰富的表象储备；

二是加强语言训练，让学生准确、流畅、生动地描述想象；三是注意发展学生的思维能力，特别是形象的思维能力；四是鼓励学生巧用心思，富于联想。在今后的语文教学中，我们应注重想象力的培养，为学生提供驰骋想象的广阔空间，让他们在创新的语文天地里尽情翱翔。

如何培养低年级学生的口头表达能力

深圳市龙岗区龙高教育（集团）东兴外国语学校　杨翠蔓

口头语言是传达信息、交流思想的工具。《语文课程标准》指出，小学生必须具有日常口语交际的基本能力，在各种交际活动中学会倾听、表达和交流，初步学会文明地进行人际沟通和社会交往，发展合作精神。口头表达能力同作文等书面表达能力一样，有着非常重要的地位，且与阅读、写作能力有着相辅相成的关系。现代教育心理学表明，小学低年级学生正值语言发展的最佳开发期。因此，培养低年级学生的口头表达能力是小学低年级语文教学中一项非常重要的任务。

一、把握课堂，提高学生的口头表达能力

口头表达能力高于书面表达能力是低年级学生的特点。由于小学低年级学生生活经验少，虽然已初步有了词语、句子的概念，但掌握的词汇有限，句式也较简单，经常想到什么就说什么，缺乏中心和条理，容易出现语序不清、词语搭配不当等问题。课堂是学生学习的主阵地，教师应充分借助课堂教学，培养学生的口头表达能力。

我常常利用课文中一些具有代表性的句子，让学生进行句子仿说训练。如教学《ai ei ui》一课时，针对"你栽树，她培土，我去提水"这句话，引导学生进行句子仿说："这句话表达了课文中三个小朋友在植树节这天一起合作完成的事情，老师知道同学们在平时的学习生活中也经常合作完成任务，如上课、值日等，你也学着来说一说吧！"学生说出了"美术课上，我画画，小红拿彩色笔，小明涂颜色""今天是我们值日，我扫地，小丽擦黑板，小军和小红拖地""体育课上，我跑步，小君跳绳，小李和小苗打乒乓球"等句式，口头表达能力在课堂活动中得到了充分的锻炼。

《语文教学大纲》对口语表达进行了明确的阐述："口语交际能力的培养要在双向互动的语言实践中进行。要利用语文教学的各个环节，有意识地培养学生的听说能力；要在课内外创设多种多样的交际情境，让每个学生无拘无束地进行口语交流；要鼓励学生在日常生活中积极主动地锻炼口语交际能力。"因此，教师要尽可能地为学生创设听、说的机会，鼓励学生大胆交际，在语言实践中提高学生的口语交际能力。

二、上好口语交际课，充分培养学生的口头表达能力

1. 结合生活实际设计口语交际内容，培养兴趣

生活是口语交际的主要源泉，教师要主动帮助学生搭起交际的舞台，引导学生根据身边实际进行自由观察、自由表达。比如春天到了，带着学生到校园或户外进行观察，说一说春天里环境发生了哪些变化。同时引导学生发挥想象力，激发他们的兴趣，让学生与大自然进行对话。

小草告诉我，春天真美啊！

小朋友，春天来了，我已经发芽了，不过你别老踩着我，弄得我可疼了！

小朋友，我是花仙子，我漂亮吗？交个朋友呗！

……

通过这样的情境创设，不只锻炼了学生的口头表达能力、想象力和思维能力，也在表达过程中得到了充分的发展。

2. 口头表达能力培养生活化，提高兴趣

有道是"得法于课内，得益于课外"。口头表达能力训练不再局限于课堂上，在课外也有广阔的天地。教师应善于结合学校的各种活动，有针对性地对学生进行口语训练，取得事半功倍的效果。如在故事会、演讲会上，让学生大胆展示；在主题班会上，设计日常生活接待、交朋友、问路、访问、调查、打电话等情境。引导学生进行相应的口语表达练习，让学生有话可说、有话想说、有话能说、有话会说，并从说短句发展到说分句，提升到说整段话。口头表达能力生活化激发了学生表达的兴趣，他们的语言表达能力在各种训练中得到了很大的提高。

三、充分利用教材，搭建说话的舞台

1. 在识字教学中提高学生的口头表达能力

识字教学是小学低年级的教学重点，在整个教学过程中占有极大的分量。爱表现是低年级学生的特点，在识字教学的过程中，教师可结合识字教学的特点设计相关的训练，引导学生进行口头练习。在生字教学中，可让学生在读准字音、记住字形后，通过交流识字方法、生字找朋友、词语接龙、造句、扩句等不同形式的说话训练，为学生的口头表达训练搭建一个说话的舞台。这样既锻炼了语言表达能力，又掌握了汉字的发音、字义，还丰富了他们的词汇量，可谓一举三得。如在教学"里"字时，要求学生给"里"字找朋友，学生组成"家里""这里""里面"等词语；继而提升难度，设计了给"家里"造句的说话训练，得到"我家里有电视（沙发、椅子……）"等相似句式；最后引导学生变换场景，转换思维方式，进行拓展训练，如"家里都有好多东西，那其他地方会有什么"，引导学生说出"学校里有……""大海里有……""教室里有……""商场里有……"等关联句子。这样，学生从说一句很短的话，到说有两个分句的话，甚至还可以激发他们说一段话。可见，在识字教学中培养学生的口头表达能力是一条实而有效的途径。

2. 结合课文内容进行说话训练

小学低年级的语文课本中，有许多喜闻乐见的童话、寓言。在教学这类课文时，可根据故事的特点创设不同的情境，让学生进行角色表演，也可以让学生仿照课文改编童话，或是根据课文所讲的内容续编故事。这样的训练培养了学生的说话能力，还培养了学生的想象力。

如教学《坐井观天》这则寓言时，我设计了这样一个问题："青蛙跳出了井口以后，它会看到什么？又会说些什么？"一石激起千层浪，得到了"青蛙来到了公园，看到了美丽的风景""青蛙来到了热闹的城市，看到了来来往往、川流不息的汽车""青蛙来到了学校，看到小朋友在上学，于是去找了校长，想一起上学"等异想天开的答案。这些富有创造性的语言和想法出乎教学设计的意料，教学效果非常好。可见，教师要善于挖掘教材，根据学生的实际情况设计合理的口头表达训练，为学生口头表达能力的训练搭建一座说话的桥梁。

3. 利用课文插图进行说话训练

看图说话是培养学生口头表达能力的主要途径。低年级教材中大部分课文都配有插图，既便于学生观察，又有助于培养学生的口头表达能力。教师可充分利用课文中的每一幅插图，有针对性地对学生进行说话训练。由于低年级学生看图时往往没有条理，看到什么就说什么，因此教师在指导学生看图说话时要加以引导，让他们逐步认识观察顺序，懂得应该先说什么、再说什么、最后说什么。在充分理解画面内容后，鼓励学生通过不同方式进行交流，如采用和同桌说一说、在小组内说一说、让小组派代表上台说等方式，激发学生表达的兴趣，逐步培养学生由口头语言向书面语言过渡。

四、拓展绘本教学，提升口头表达能力

心理学表明，低年级学生处于形象思维占主体地位的阶段，是图形认知的敏感期。绘本有很多美好的、能够讲故事的画面，有很感人和很有趣味的故事，这样的书很容易吸引学生的眼球，打动学生的心灵，激发学生的阅读兴趣。利用绘本拓展教学，根据故事特点设计相关的口头表达能力训练，让学生在轻松快乐的氛围中锻炼口头表达能力。

如教学《我爸爸》时，先引导学生观察图片，说一说这是一个怎样的爸爸。在讲述完爸爸变成各种动物的画面后，引导学生结合生活实际，猜一猜作者还会把爸爸画成什么，并出示句式训练，引导学生说一说"我爸爸像……一样……"使学生在轻松愉悦的氛围中锻炼口头表达能力。

爱因斯坦说过，"兴趣是最好的老师"。通过不同方式的训练，学生对语言表达的兴趣逐步提高，表达能力不断发展，学习自信也得到提升。培养学生口头表达能力的确是要花一番工夫、动一番脑筋的，这需要每一位教师特别是低年级教师细细琢磨、慢慢实践。

小学语文"语言文字运用"教学策略研究

深圳市坪山区坑梓中心小学 李月云

语言文字的运用体现了语文的核心素养，因此在小学语文的阅读教学中，应由原来的"教课文"模式转向"教语言文字的运用"，有意识地强化"语言文字运用"理念，找准"语言文字运用"训练的时机和训练点，使课堂教学真正成为提高学生语言文字运用能力的载体。

2017年修订的《语文课程标准》明确指出："语文课程是一门学习语言文字运用的综合性、实践性课程。"《课程标准》对于语言运用概念的明确指出，意味着"语言文字的运用"在语文教学中的突出地位，从而突显了语文教学的本位——学习语言文字的运用。因而，"语言文字运用"意识逐渐成了大家的共识。但是，如何将"语言文字运用"理念落实于教学中仍处在探索的阶段。本文就以小学语文的阅读教学为主要切入点，谈谈在语文阅读教学中如何渗透"语言文字运用"意识，如何找准合适的时机进行语言文字运用训练。

"语言文字运用"教学指改变传统的"以内容分析"为主的课堂教学。教师通过精心策划，建构以"语言文字运用"为核心、以学习语言为本、以语言带动内容的课堂，让学生感受语言，习得读写经验，生成语言智慧，提高"语言文字运用"技能，提升学生的语文素养。

在具体的课堂教学中，我们该如何入手呢？

一、教师应该深化"语言文字运用"意识，关注"语言文字运用"训练的素材

1. 文字知冷暖，词语有温度

文章的基本框架是由字、词、句构成的。因此，在日常教学中应该重点关注文章的"语言文字运用"，能够准确推敲字、词和句的有效组成，使得文

章有更深层次的灵魂。课堂上引导学生关注关键词句在表情达意方面的重要作用，例如在四年级下册《搭石》中有这样一句话："假如遇上老人来走搭石，年轻人总要伏下身子背老人过去，人们把这看成理所当然的事。"在教学这个片段时，我引导学生抓住关键的动词"伏"，从这个字的字源说起，本意是指人如犬那样匍匐着，这个字的字形形象地说明了年轻人尊老爱幼的美好品德，进而深化"搭石是家乡的一道风景"这一人文精神。再如《生命生命》中写道："但它挣扎着，极力鼓动双翅，我感到一股生命的力量在我手中跃动，那样强烈！那样鲜明！"在理解"跃动"一词时，我采用了比较的方法，用"跳动"和"跃动"进行比较，学生更容易理解飞蛾求生的欲望之强烈，"跃动"说明挣扎的幅度比"跳动"更大。像这样牵一发而动全身的关键词语在课文中比比皆是，教师应该具备"语言文字运用"意识，通过不同的教学手段，不断丰富学生的语言积累。

2. 语句具特色，内化是关键

教材无非是个例子，是语言的载体，是学生积累并丰富自身语言的范例。课堂上适时地引导学生品味美词佳句，并进行适当的模仿训练，是让学生习得语言的重要手段。例如六年级下册《匆匆》的开头一段这样写道："燕子去了，有再来的时候；杨柳枯了，有再青的时候；桃花谢了，有再开的时候。"用一组排比的句式写出了天地间自然的轮回，传递出时间匆匆流逝之感。像诗一样的语言，意象的选择看似不经意却是独具匠心，此时不单让学生品味语句的精妙之处，更重要的是可以适时地进行仿写训练，帮助学生内化成自身的能力。

3. 段落有意境，布局显精妙

"词不离句，句不离段，段不离篇"，准确利用段落层次，研究段落在全篇文章谋篇布局中的作用，是指导学生写作的良好途径。学生在运用语言的过程中能够准确使用之前学过的语言应用技巧，就会在很大程度上加强写作的能力。例如丰子恺笔下的《白鹅》有这样一段话："鹅的高傲，更表现在它的叫声、步态和吃相中。"此段为文章的第二段，在文中起到了承上启下的过渡作用，承接上文"好一个高傲的动物"，紧接着分别从鹅的叫声、步态、吃相三个方面具体介绍白鹅的特点。在教学中，除了让学生明白这一段在文章中的过渡作用，体会其精妙之处，更多的是以此为范本，指导学生进行写作，使得写作结构更加完整、自然。

4. 篇章有特色，结构巧安排

能够入选语文课本的文章都是经得起推敲的上乘之作，文章的特色鲜明，是指导学生写作的最佳素材。在教学中除了关注文章写了什么，更多地应该关注文章的写作特色。只有这样才能不断提升学生谋篇布局的能力，为语言的有效输入奠定基础。例如五年级下册《桥》中最后才交代老汉和小伙子的关系，这是作者独具匠心的设计，也正是小小说的一个艺术特色——设置悬念，增加了文章的可读性。学生在写作时也可以学习并运用这一写作手法，让自己的文章给读者带来更大的想象空间。

二、根据文本和学生的具体学情，找准"语言文字运用"训练的时机

"语言文字运用"训练主要是指如何通过语言文字进行听、说、读、写的训练。在此基础上，教师应该丰富课堂教学活动，不断提升学生学习语文知识的兴趣，为学生找出一个符合自身发展的学习方法，让学生在知识的海洋里得到充实，真正体会到语文知识对自身存在的价值。

1. 适时积累词语，增加学生的语言素材

《语文课程标准》提出："积累课文中的优美词句、精彩句段，以及在课外阅读和生活中获得语言材料。"叶圣陶先生也说："厚积言有物。"没有丰富的词语积累就言而无物，词语的认识和积累在小学语文学习中占有重要地位。词语是语言的建筑材料，没有词语的认识和积累，语文教学根本无从谈起，写作教学更无法进行，所以在课堂上应创造条件帮助学生积累、内化词语。

例如教学五年级下册《自己的花是让别人看的》一课时，品读"走过任何一条街，抬头向上看，家家户户的窗子前都是花团锦簇、姹紫嫣红"。"花团锦簇、姹紫嫣红"都是形容花的成语，"花团锦簇"是形容花很多、长得很密集，而"姹紫嫣红"是形容花颜色丰富、娇艳美丽。教师上课时应该引导学生注意辨析词语细微的差别，在理解的基础上引导学生进行积累运用。另外还可以适时提问："你还知道哪些有关花的四字词语？"借提问帮助学生扩大并巩固词语的积累，不断丰富学生的语言素材。

2. 迁移模仿训练，优化语句的组成

"语文是母语教育课程，学习资源和实践机会无处不在、无时不有。因

而，应该让学生更多地直接接触语文材料，在大量的语文实践中掌握运用语文的规律。"结合语文能力学习的规律，学生要切实地习得"语言文字运用"能力，就必须经历"体验—概念—迁移"的链条，才能内化与巩固具体的语文能力。

如教学六年级下册《匆匆》一课时，有这样一个句子："在默默里算着，八千多日子已经从我手中溜去，像针尖上一滴水滴在大海里，我的日子滴在时间的流里，没有声音，也没有影子。"作者将自己"八千多日子"比喻成针尖上的一滴水滴，突出个体生命的渺小、微不足道。同样，这"八千多日子"还能像什么呢？我出示了一个句式："八千多日子已经从我手中溜去，像_____，我的日子_____，没有_____，也没有_____。"学生大多把这"八千多日子"比作空气中的一粒尘埃或者沙漠中的一粒沙子，仿写出来的语句颇具特色。再如"洗手的时候，日子从水盆里过去；吃饭的时候，日子从饭碗里过去；默默时，便从凝然的双眼前过去"，语句平实简朴，作者借生活中的小事写出了时间流逝之快。此时我引导学生进行排比句式的仿写："_____的时候，日子从_____过去；_____的时候，日子从_____过去；_____的时候，日子从_____过去。"学生有了范本的模仿，也能从生活中的小细节寻找素材，仿写出来的语句同样传递出时间飞逝之感。

3. 完善文章的留白处，激发学生的想象力

在语文教材中，作者在写作时会留下空白，这是再平常不过的事情了。这些留白处往往隐含着一定的深意，给读者留下了无限想象的空间。面对这些留白处，教师要采取恰当的方式，激活学生的认知与内心真实的情感体验，并在补白过程中使文本内容显得更加丰富饱满，落实了"语言文字运用"训练目标。

如教学《可贵的沉默》一课时，当教师询问学生有谁向父母祝贺过生日时，学生全都沉默了，沉默了足足一分钟。那么，在学生沉默的这段时间里会想些什么，文中并没有明确表述。在这一环节，我设置了一个填空练习："在短短的一分钟里，有的_____，努力回忆着_____；在这短短的一分钟里，有的_____，心里想着_____。"通过这一环节，让学生结合课文中的插图进行观察和想象，补充此时"我"的心理活动。学生结合文本内容中的留白处想象和填充，在补充文本的过程中，心灵受到震撼，情感产生共鸣，进而在对比和审视自己的过程中经历一次美好的情感体验，从中受到教育，进一步提升了自己的语言感悟能力和表达能力。

4. 领悟文章的表达特色，进行迁移训练

在日常语文教学的过程中，教师应该重点关注"语言文字运用"的教学，同时学生也应该重点关注"语言文字运用"的学习。在这样的情况下，教师和学生都能够真实地感受到语文知识的感染力和魅力，同时也让学生感受到语言文字应用能力的价值。如教学《桥》一课时，文中用了大量的笔墨来描写大雨和洪水。这是这篇文章在表达上极大的特色，其中暗含着环境描写对于人物品质的烘托作用。大量描写大雨和洪水的语句是为了渲染紧急、恐怖的氛围，为老汉的出场做了铺垫，进一步赞扬了老汉"沉着冷静、大公无私、舍己为人"的高尚品质。练习写作《我最敬佩的一个人》，很多学生写清洁工阿姨的无私奉献，此时可以穿插一些环境描写的片段，更能凸显清洁工阿姨工作的艰辛，进而赞扬其无私奉献的高尚品质。

5. 模仿行文结构，进行文章的架构

叶圣陶先生曾说："教材无非是个例子。"教师应该利用教材教会学生某种学习的能力，所以不只要懂得课文"写什么"，更重要的是"怎么写"，即关注文章的表达方法。如教学四年级下册《生命生命》一课时，除了感受生命的美好，体会文中含义深刻的语句之外，还可以模仿文章的行文结构，让学生进行练笔训练。《生命生命》这篇文章是典型的"总—分—总"结构，以飞蛾求生、瓜苗生长、静听心跳三个事例回答了"生命是什么"的问题，分别从动物、植物、人类等不同侧面写出对生命的尊重以及热爱。学完这篇文章后，我问学生："你认为生命还是什么呢？"让学生融入自身体验写一些关于生命的小事例，开头加上简单的发问，结尾加上自己的总结、感悟，就是完整的一篇文章。所以，教师在备课时应该具备"语言文字运用"意识，多个角度选取适合学生的训练点，提高学生的"语言文字运用"能力。

综上所述，教师在语文阅读教学的过程中应该合理运用"语言文字运用"理念，并且能够把"语言文字运用"理念贯彻落实到每一个教学环节中。因此，教师要重视"语言文字运用"训练，并且能够依据课文特点发掘"语言文字运用"训练点，抓住训练时机，真正引领学生体悟语言、积累语言、内化语言，让学生不断提高自身的语文素养。

如何教好口语交际

深圳市龙华区玉龙学校　程圣芬

《语文课程标准》提出："口语交际是听与说双方的互动过程。"教学活动主要在具体的交际情境中进行，教师努力选择贴近生活的话题，采用灵活的形式组织教学，不必过多传授口语交际知识。在实际教学中，除了充分地挖掘教材资源加强口语交际训练外，还应该坚持开放性教学，积极拓展课外的口语交际训练，实践提高学生的口语交际能力。

口语交际是交际主体之间互相交往的活动，强调了互动性。在日常的口语交际教学中，可以发现有的学生特别喜欢表达，但是没有条理；有的学生不愿意开口，使得口语交际活动无法有效开展。下面我将结合个人的教学，谈一谈如何教好口语交际。

一、创设情境，激发兴趣

苏霍姆林斯基说："儿童是用形象、色彩、声音来思维的。"在口语交际教学中，教师要善于捕捉生活中的画面，通过直观、生动的教学使学生主动投入口语交际活动中，引导学生学会观察、思考。由此打开学生的话匣子，逐步使学生达到想说、能说、会说，营造和谐、民主的课堂氛围，激发学生自主探索知识的欲望。合作学习在口语交际活动中能促成学生自主参加交际话题，学会口语交际技巧的总结，如礼貌待人、表达清楚等。

如教学《我是"小小推销员"》一课时，我设计了"校园跳蚤市场""销售冠军"等熟悉的生活情景，唤起学生对此次口语交际的热情。生活化的学习任务让学生之间的对话交流不像是在学习口语交际，而是在日常生活中与同学、老师和其他人进行交流。学生几乎不会认为这是学习任务，而是乐意主动参与到口语交际中。在这样的调动之下，小组成员在组内参加合作学习的激情被充分调动起来，主动分配"推销员"和"顾客"的角色，拿着自己从家里带来的"商品"热情地"推销"。"推销员"从"商品"的外观、规格、用途、使用方法等方面进行介绍，"顾客"能针对这些介绍适当地提出自己的想法，希望能够得到解答。一些生活经验丰富的学生还会模仿超市售货员的推销手法，做到动之以情、热情服务等。这不是教师教给学生的口语交际技巧，也符合《课程标准》中不宜大量讲授口语交际原则、要领的要求。在知识和生活中建立起通道，让学生在合作学习中学会归纳，总结学习技巧，教会学生学习的方法。

二、激励评价，以评促学

在口语交际的过程中，教师要适当运用激励手段，利用师生评价、生生评价等调动学生的积极性。成绩较差、学习主动性较弱的学生会主动把自己"晾"在一旁，教师可以主动邀请这样的学生进行口语交际活动，让他们不得不开口，还要邀请组内同学倾听交流的过程。在结束交流时，教师对他们的表现进行适当点评，也请组内同学为这次交流找出一些闪光点。教师要借机表扬他们，帮助他们树立信心，鼓励他们主动交流。为了使得口语交际活动更有效率，教师可以提醒这部分学生做好课前预习，使他们在交际的过程中底气更足。

学生口语交际的热情被激发，但若缺少了有效的评价手段，口语交际只会成为"灾难"。有的学生过分说说笑笑，有的学生偏离交际主题，有的学生没有注意交际礼貌……这样的口语交际效率是极其低下的，也无法达到对高效课堂的要求，因此要借用评价手段规范小组合作。在四年级下册口语交际六《乡村生活田园风光》的教学设计中，"展示交流"部分是这样操作的：一是具有明确的评价目标。设有"最佳表达奖""最佳风采奖""引人入胜奖"，使得汇报的学生知道应该如何进行展示，同时倾听的学生也可以在聆听中知道汇报同学的水准，有哪些地方值得学习，有哪些地方自己可以做得更好。二是结合台下学生的评价建议。倾听的学生要学会对汇报的同学进行评价，能够从优点和不足来分析，既要学会欣赏他人，也要学会给他人鼓励。三是教师及时评价、适时点拨，鼓励学生敢说，引导学生会说，能够给每位学生贴切的评价，对学生的优点起到强化作用。

三、丰富形式，贴近生活

学生口语交际能力的培养不只在语文课堂中，还要在各科教学、生活实际中得到锻炼。生活是口语交际的源泉，我们要引导学生运用课堂上学到的口语交际基本知识和技能技巧，在日常生活中主动地锻炼、提高。

参加校内兴趣活动，让学生在活动中进行语言实践。兴趣活动是课堂教学的延伸和补充，可以开展讲故事比赛、辩论赛、演讲比赛等，激发学生的参与热情，自觉投入语言实践中。以辩论赛为例，学生自发组团，邀请其他同学成为智囊团，打破原来学习小组的界限。五年级上册"园地一"的口语交际为"辩论开卷是否有益"，学生缺乏经验，虽然存在许多问题，但是这场辩论从总体上调动了学生对辩论赛的兴趣，因此要抓好这次机会，激发学生的参与热情。在第一次辩论赛的基础上，组员发现自己存在的一些问题，并针对问题做出改善。在第二次"小学生应不应该有零花钱"的辩论赛中，学生通过查找、整理资料，正、反双方在立论时能够找到更多的例子支撑观点。虽然个别辩手只能做一些简单的陈述，但是他们明白要摆事实、讲道理，使自己的观点得到支撑。

开展校外实践活动，让口语交际更接地气。"问渠那得清如许？为有源头活水来。"口语交际不是空中楼阁，生活是它的活力源泉。如双休日参加志愿服务，在服务中体会助人为乐，提高交际能力；慰问敬老院，学会礼貌待人、言语文明……这些都是我们生活中随处可见的教育资源，只要善于利用都能使口语交际活动的形式更加丰富、内容更加深厚。

因此，口语交际不只对学生进行说话训练，还要锻炼学生的其他能力，如做人、做事、交往等，这也是要求口语交际要贴近生活、走向生活的原因。交际过程即合作过程，能让学生学会学习，改进学习方法，体会学习的快乐。

浅析提高小学语文课堂有效性教学的策略

深圳市坪山区龙田小学 付 薇

小学语文课堂肩负着培养学生语文素养及个性发展的重要使命，增强小学语文课堂教学的有效性是每位语文教师应该思考的问题。文章在阐述小学语文课堂有效性教学重要意义的基础上，分析当前有效性教学存在的问题，并提出解决的对策，促进小学语文课堂有效性教学的顺利开展，提高语文课堂的教学质量。

一、小学语文课堂有效性教学提高的意义

小学语文有效性教学关注学生的进步，并促进小学生的全面发展。小学语文是最具人文性的学科，语文教师应把教学价值定位在学生的审美情趣和思想品德素养上，培养学生学会生存、学会学习、学会做人，即要把学生培养成具有完美人格和良好个性的人，使他们具有较好的政治、身体、心理和文化素质。

首先，要求语文教师确立学生的主体地位，淡化选拔意识，强化普及教育，让每一名学生都有平等受教育的权利。

其次，强调学生的个性发展。对学生个性的培养是一项极其艰巨、复杂的工程，学校教育无疑是其中的一个重要环节。由于人的个性具有相对稳定的特点，所以语文教师在教学过程中可以利用此特点，根据学生的日常举动、反应和态度等做出预测和判断，并积极引导和因材施教。合理的教学方法对学生个性发展起到积极的推动作用，有效性教学就是其中非常重要的方法。

最后，强调合作性教育。通过小组讨论，一方面使学生弄懂上一环节没有解决的问题，另一方面促进基础差的学生获得提高。在这一环节中，强调学会的学生帮助没有学会的学生。有效性教学就是要帮助这些没有学会的学生，提高教学质量。

因此，语文教师的教应以学生的存在为前提，不可过高估计语文学科的价值，也不能仅仅定位于语文学科，而应定位在一个完整的、全面发展的人上。提高小学语文课堂教学的有效性就是促进学生对语文知识的学习，提升其语文素养能力，提高课堂教学效率与教学质量。

二、小学语文有效性教学中存在的问题

（一）教学理念无效

教师对新课程理念的错误解读，导致教师教学理念无效。在教学中占主导地位的教师所秉持的教学理念，是实施教学的条件性知识。若教师只是漫无目的地组织教学，毫无理念可言，那么教育是悲哀的；若教师自身解读课程理念存在错误，那么在此理念指导下的一切教学行为便趋向于低效教学，甚至是无效教学。

（二）教学目标无效

教师的教学背离目标，导致教学目标无效。教学目标作为语文学科教学的最终落脚点，既不能过高也不能过低，而是应该在学生的最近发展区内，学生在教师的引导下"跳一跳就够得着"。倘若教学目标在设立时便出了问题，必定导致教学活动的偏差或失误。教师在教学理念指导下设置的教学目标，是一切教学工作的出发点和归宿点。但小学语文教学却经常出现三种误区，包括目标表述泛化、不具体、不集中；忽视学生学情，"一刀切"，照搬照抄教学目标；教师设定的教学目标远离学生的最近发展区，与学生实际学习能力不相符。

（三）教学实施无效

在实际教学中，各级各类的语文教学在应试教育的指挥棒下，只重视学生技巧性学习的传授，忽视了情感的培养，变得寡情，导致教学效率低下。

三、提高小学语文课堂有效性教学的对策

（一）提高小学语文识字有效性教学

1. 联想生活识字

联想生活识字法是根据汉字的特点，在识字过程中通过对字的音、形、义进行分析，找出它们之间的联系点并展开奇特联想，从而在大脑中呈现相应的物象以增强记忆，通过暗示学习加以巩固的一种识字方法。根据汉字的结构特

点采用联想法识字，不但可以对学习汉字化难为易，而且可以培养学生的想象力和思维能力。猜谜语也是联想生活识字的一种方法。

2. 巧现生活识字

以实物为中心，引导学生通过触觉、视觉、嗅觉、味觉等感受汉字的表象，并存在于头脑中。如学"尖"字，可以让学生观察圆锥体，让学生明确上小下大就是尖，然后引导学生观察字形和实物是否存在相似处来加强字义的理解。

（二）提高小学语文阅读有效性教学

1. 小组合作式阅读

开展小学语文小组合作学习，组内学生之间相互交流，发言代表要总结本组的观点并与其他组展开思想的角逐。小组合作阅读教学策略可贯穿阅读教学始终。一般是上课伊始，让学生在组内自主落实生字词，请小老师讲解单个字词的发音、结构，书写时应注意的笔顺等，并带领组内同学或者全班同学一起读，有不对的地方其他组可以批评指正。发挥学生的自主学习能力，效果往往比教师苦口婆心地向学生灌输更有效。

2. 情境法阅读

情境法阅读是指在小学语文阅读教学中，教师利用生活场景、现代化教学媒体、课本剧表演等手段，有目的地创设具有一定情绪色彩、形象生动、以具体为主体的阅读教学情境，引起学生特定的情感体验，唤醒学生开展阅读教学的兴趣，把认知活动与情感活动紧密结合起来的一种语文教学模式。情境法阅读具体操作策略有生活再现情境、图画展现情境、音乐渲染情境、角色扮演情境、实物展示情境、语言描绘情境。

（三）提高小学语文写作有效性教学

写作一直是语文教学的"短板"，也是有些教师不愿触及的"雷区"，让很多学生抓耳挠腮。但是写作教学在语文教学中占据的重要地位，使得师生都不敢小视写作训练。

1. 读写结合

在阅读教学中，教师紧扣文本，针对作者的遣词造句、语言表达、布局谋篇等带领学生品、读、思、悟，培养学生的语文素养，形成属于自己的文体表达方式，打造所谓的无痕式链接。就文章中的字、词、句、段、篇单独进行写作训练，即分页式链接。阅读中的字词妙句与写作中的遣词造句、阅读中段与段之间的起承转合与写作中段与段之间的提纲挈领、阅读中的中心思想与写作中的真情流露……这些都是两者之间存在的对应点。教师应在日常阅读教学中训练学生找准对应点，以读促写，以写促读，即对应式链接。

2. 创设多种体验活动，激发学生写作兴趣

围绕某一主题，教师根据本年龄阶段学生的心理特点，积极创设多种形式的活动体验，发挥学生的主体性，引导学生感悟生活，抒发个人的独特感受或思想感情。在教师的无痕指导下，学生综合运用所掌握的语文知识，准确表达内心的情感。

核心素养视域下读写结合的课堂实践策略

——以人教版小学高年级语文为例

深圳市坪山区龙田小学 曾 鹏

阅读与写作作为语文教学的重要内容，两者不可分割、密切联系。读写结合教学将阅读教学与写作教学融为一体、相互促进。在课堂实施有效的读写结合策略，让学生在读写训练中将知识技能和方法内化，对其语文素养的培养和提升有着重要意义。

阅读与写作是语文学习的重点内容，在语文教学中占据核心地位。在素质教育背景下，学生语文核心素养的培养和提升已成为语文教师教学实践的重中之重，这与学生语言实践紧密相连。阅读是写作的源头活水，为写作提供鲜活的灵感与不竭动力；写作为阅读奠定坚实的基础，不断促进语言运用能力的提升。叶圣陶先生曾说："读与写关系密切。善读必易于达到善写，善写亦有裨于善读。二者皆运用思索之事，皆有关学科知识与生活经验之事，故而相通。"在科学聚焦学生语言实践的基础上，有效提升班级不同层次学生的语文核心素养，促进学生个性化发展，读写结合不失为一条有效的途径。

近年来，国内外对读写结合理论与实践的研究不断深入，读写结合的课堂实践也越发丰富、有效。但是在小学语文课堂中，读写结合还存在一些局限。例如，阅读和写作如何把握才能发挥两者功效相互促进，而不只是停留于形式？读写结合的课堂实践形式大多为仿写、改写、缩写等，形式局限，缺乏创造力，如何通过读写结合指导学生将知识技能和方法内化，从而促进其个性化发展？鉴于此，探索有效的读写结合课堂实践策略显得尤为重要。

一、把握读写结合关系，发展学生思维能力

读写结合是以文章为载体，教师引导学生在完成阅读和写作独立教学任务

的基础上，利用读和写同步发展、相互迁移的规律，将读中学到的知识和方法迁移到写作中，反过来巩固阅读的知识。阅读和写作相辅相成，正确把握两者之间的关系，使其有机结合，形成良好互动，方能发挥读写结合的实效。

（一）立足阅读，丰富写作素材

叶圣陶先生指出："阅读是'吸收'，写作是'倾吐'。"读写能力的发展并不是孤立的，阅读对写作具有根源性作用。阅读有利于学生积累材料，培养语感。语文教师应当注重学生阅读能力和写作能力之间的融合与发展，不能局限于课本，应当引导学生广泛涉猎。

（二）以写为阶，深化文本认知

语言运用能力和思维能力的提高离不开写作，写作不仅具有表情达意的作用，而且还有促进阅读的认知功能。教师应引导学生以写为阶，进一步理解和整理所掌握的素材，在写作实践中提高语言运用能力和思维能力。例如六年级上册《老人与海鸥》中："十多年了，一到冬天，老人每天必来，和海鸥就像亲人一样。"这句话的含义如果教师直接阐释未免太过生硬，不妨进行读写结合。老人到底付出了什么，海鸥才会和他"像亲人一样"呢？课文中并没有写明，可以引导学生联系全文展开想象写一写，从而进一步深化学生对文本的理解。

二、创新读写结合形式，多角度整合教材资源

（一）单元整组备课，挖掘单元读写结合点

教材是阅读教学的重要载体，也是提升学生语文素养的资源。新课程理念倡导教师将教教材转变为用教材。因此，教师应充分发挥智慧，利用好教材资源，挖掘文本中的写作资源。如人教版六年级上册第五组"认识鲁迅"都是写人记事的课文，人物外貌描写颇具特色。该单元提示明确指出"学习描写人物的基本方法"，给出了明晰的"读写结合点"。《少年闰土》中闰土"紫色的圆脸，头戴一顶小毡帽，颈上套一个明晃晃的银项圈"，健康活泼的形象跃然纸上；《我的伯父鲁迅先生》中鲁迅的外貌描写，是穿插在故事的情境中逐步展开的；《一面》的作者是初次见到鲁迅，对崇拜的长者的外貌印象深刻，因而浓墨重彩地细致刻画。在布置读写任务时，可让学生思考："以上三篇文章在刻画人物的时候都用了哪些手法？你希望在自己的作文中用到哪些手法？"

研读中既要让学生掌握人物外貌描写的基本方法，又要熟悉"近镜头—分镜头—特写镜头"的个性表达。

（二）丰富读写形式，提升学生核心素养

1. 写作借鉴型读写结合

这类读写结合，即阅读为写作提供文本形式和写作技巧的借鉴，包括句、段、篇的文本形式和各种写作技法，在课堂教学中最常用到。其中，最常见的形式便是仿写训练。例如仿句，主要包括仿写句式和句子的修辞手法等。这种最基本的训练也为学生积累语言材料起到了有效帮助。例如人教版六年级下册《匆匆》中"燕子去了，有再来的时候；杨柳枯了，有再青的时候；桃花谢了，有再开的时候"，排比句式非常动人，学生在仿写的时候也容易抓住特点，在其以后的语言文字学习中也能借鉴和运用。另外，还有运用模仿文章的写作手法进行创作，即写法迁移，包括对比、衬托、联想、托物言志、借物喻人、动静结合等。如《落花生》中鲜明的借物喻人，由此进行模仿，展开想象，学生的写作素材面也大大拓宽。

2. 改编型读写结合

改编型读写结合形式主要包括改写、续写、缩写、扩写、补白等。改编型读写结合是在对课文内容熟悉、理解的基础上进行的练笔活动，学生根据原文中的故事情节、人物动作、心理活动、环境等进行想象拓展。在这种活跃的思维引导下，学生对原文的阅读、理解以及正在生成的文字表达皆形成了良好的促进作用。例如五年级上册《古诗三首》的练习设计："想象《秋思》中的画面，把《秋思》改写成一个小故事。"学生在扩写这首古诗的时候，其实也是对此诗诗意最好的诠释。

3. 感悟型读写结合

感悟型读写结合主要是引导学生根据文本联想自己的经历、见解，表达自己的感受和联想等。这种形式有利于学生联想能力的激发和情感的表达，在领会作者表达的情感之时，也丰富了自己的感受和体验。例如《"精彩极了"和"糟糕透了"》的小练笔："在本文作者看来，爱有两种表现形式。你在生活中有过类似的感受吗？先说一说，再写一写。"再如《钓鱼的启示》的课后练习："课文中有一些含义深刻的句子，如'道德只是一个简单的是与非的问题，实践起来却很困难'。请把这样的句子找出来，说说自己的理解。"

4. 研究型读写结合

研究型读写结合是对文本进行阅读思考，完成制定的研究任务后再撰写成文。这也是读写结合中难度最高的一种。学生不只要从阅读中捕捉信息，更主要的是要基于阅读产生自己的观点和看法，然后再撰写成文。如学完五年级下册的《威尼斯的小艇》，教师可设计研究性问题给学生："你所居住的地方以什么交通工具为主呢？它们有什么特点？可以从书本或网络寻找相关资料、图片，撰写文字，做成PPT给大家进行介绍。"再如六年级下册的《藏戏》同样可以设置研究性话题，让学生研究、介绍自己家乡的戏剧。这种读写结合体现了阅读与写作之间更为深刻的融合，是读写结合解决现实问题的真实形态。

三、重视读写结合的效果检测，落实具体有效的课堂评价

对读写结合学习效果的评价，教师要设计一些评价标准，并以此为参考，及时检查、诊断、反馈学生所写的内容，组织学生开展交流评价，方能让读写结合最终产生实效。教师可以通过组织学生互评、师评、班级交流等方式来考查学生读写目标的实现程度，也可以拓展多元评价，还可以组织学生家长参与其中，对学生的写作进行评价，同时教师配以相应的星级奖励机制，让学生更有动力。另外在班级文化布置中，教师应充分利用资源展示学生的读写成果，让学生的优秀作品在班级文化中成为一道亮丽风景。总之，教师将定量评价和定性评价相结合，全面反映学生学习的状态和水平，促进学生核心素养的发展。

四、结语

读写能力关乎学生的终身发展，小学语文读写结合教学将阅读与写作恰当、有机地融为一体。在读写结合的实践中，学生将学到的语言和表达方法运用于创作中，进一步深化对文本的认知，同时锻炼了写作能力。语言只有用于表达自己的思想情感，才会成为学生内在的东西。实施有效的读写结合课堂策略，培养学生的读写能力，对提高学生的核心素养有着重要意义。

绘本阅读教学思考与探究

深圳市坪山区坑梓中心小学　黄雅丽

　　课外阅读是语文教育的重要组成部分，绘本又是课外阅读的一部分。如何看待绘本阅读教学，如何开展绘本阅读教学，如何培养和激发学生的绘本阅读兴趣，是现阶段语文教师需要重点研究的话题。本文将结合已经开展的绘本阅读教学，谈谈对绘本阅读教学的几点体会。

　　苏霍姆林斯基曾说："考查学生阅读理解力最简单和最可靠的方法不是做试卷，而是给一份陌生然而适宜的阅读材料，要他们直接朗读。"很多教师也同意这个观点，那些能够读得流利通顺且富有语感的学生，必定是具备很强阅读能力的。越来越多的一线教师引入大量经典、优秀的读本来拓宽学生的阅读视野，引领学生的阅读生活，从而提高学生的文字素养。

一、绘本阅读教学的误区

（一）把绘本当成课文的补充

　　大部分教师的课堂模式是三分讲一分练。在40分钟的课堂时间里，利用30分钟讲解课文的知识点和写作方法，利用10分钟拓展一篇文章，利用文章做阅读训练。训练的文章一般与课文的主题相近或是写法相近，只是一篇阅读理解训练题不能称为真正的课外阅读。

　　每一篇拓展阅读都伴随着无限量的题，长此以往学生会产生条件反射——出现课外读物就要做题。学生的阅读兴趣就在看似提高阅读理解能力的同时一点点被消磨。

（二）把绘本当成课文分析

　　部分教师认识到仅仅靠语文课本不能够满足学生的阅读兴趣，他们引入了绘本、短篇故事，希望通过引入的课外读物提高学生的识字量、阅读质量和理解能力。

但这部分教师把绘本当成了另一本教材。当一本优秀的作品被"庖丁解牛",被分解成这个词什么含义,怎么书写;这个句子用了什么修辞手法,怎么运用;这个片段的写作结构和手法是什么,如何仿写……课外读物俨然变成了学生的负担,想让学生爱上课外阅读,难上加难。

袁晓峰老师认为:"阅读是一件美好的事情,我们只需要和学生一起欣赏文本中精彩的故事、优美的句子就可以了,剩下的就交给学生自己去享受吧。"

(三)绘本挤占语文课堂时间

在推广阅读的同时,很多人产生了质疑:在基础教育学时中,分给语文学科的时间本来就不够,如何才能在有限的时间里推行课外阅读?推行课外阅读挤占了语文学科的学习、复习时间,成绩跟不上怎么办?

美国堪萨斯大学对幼儿早期生活进行了研究,用四年时间记录下三组家庭的孩子每天听到的字。专业人员家庭的孩子听到4500万字,工人家庭的孩子听到2600万字,福利家庭的孩子听到1300万字。这三组孩子在同一天上幼儿园,但他们之间词汇量的差距可高达3200万字。在孩子学习阅读时,这些数字将会扮演举足轻重的角色,孩子接触的词汇量将决定他的理解速度。

每一位教师都希望给学生提供更好的教育,那就更需要提供课外读物,增大学生的词汇阅读量。

目前许多学校在推广阅读,每学期用1—2个月的时间快速讲完基础课本,剩下的时间进行整本书阅读。这些实验班的学生成绩不但没有下降,而且同比还有很大提高。

教材只是阅读的一扇窗口,编者希望通过教材选文启发学生,激发学生对文字的热爱和对阅读的兴趣。如果教师仅仅局限于教材,从不跳出教材寻找其他美文,将会使学生与周遭美好的事物擦肩而过,犹如一只井底之蛙。

二、绘本阅读教学的时间

(一)聆听故事,感受阅读

学校每天都会有早读、午休,教师可以利用早读、午休的时间分享绘本故事或短篇故事。

现在网络资源丰富,很多音频网站上有大量优秀的故事朗读,教师可以搜索系列绘本故事或短篇小说，利用早读、午休的时间播放。

目前我正在播放《小小音乐家》系列绘本故事，学生对这些故事都非常感兴趣。有些急性子的学生还购买了整套绘本，提前一睹为快。

小小的音频故事能够培养学生听的习惯，还能激发学生阅读的兴趣，一举两得。

如果不利用音频，也可以采用自己朗读的方式，教师或学生提前准备好绘本故事，利用早读、午休的时间来朗读。

按学号排序，提前一周让学生准备好要朗读的绘本，时间控制在5—8分钟。对不同层次的学生提出不同的要求，基本要求是读得通顺流利，拔高要求是不同人物、情境运用不同的语调和语气。一个学期下来，每名学生都能为全班同学朗读一个故事，自己也能听到不同的绘本故事。

朗读是一项最简单、直接、有效的情感交流。大量高品位的朗读能使学生具有开阔的思维视野和敏感的感悟能力，使学生在把握文字的同时提高语感。

（二）固定课堂师生共读

每周固定设置一节阅读课，形式可以由教师自由决定。

1. 自由阅读

每个学生都有自己的灵性，如果教师给予学生太多的束缚，则会适得其反。犹如盆栽一样，花工把小盆栽固定造型，盆栽成长为预设的造型，看似巧夺天工，但永远长不高、长不大，终究与长在地里的植物不一样。

教师可以带领学生到学校图书馆开展阅读。图书馆的布局与教室不同，整齐排列的书架、琳琅满目的图书、安静无杂音的环境，增添了阅读的意境。在图书馆阅读，学生身临其境，受到周围静心阅读同学的影响，其余同学也能放下浮躁的心，开始浸润书香。

"近朱者赤，近墨者黑。"营造阅读环境，学生能够耳濡目染，慢慢地喜欢上阅读。

2. 师生共读绘本

绘本在国外非常流行，创意的图片配上文字就成了绘本，图文并茂的形式受到广大中低年级学生的喜爱。

绘本教学中，我们可以从以下几个方面展开阅读。

（1）从封面猜测故事内容。在阅读绘本之前，我们可以让学生观察封面，猜测故事内容。在阅读过程中，我们可以在有重复性的故事情节前停下来，让学生猜测故事还会怎样发展，模仿前面的形式进行猜测。

如教学《小绿狼》绘本时，我先给出绘本封面：一只绿狼在前面行走，两只灰狼在树干后探头看。出示绘本封面后，让学生自由猜想可能发生的故事情节。

（2）从颜色推测绘本的意义。《我爸爸》是讲述作者在回忆和想象爸爸的印象，整本书中充满了浓浓的爱意，所以整本书以暖色调的橙色为主；《野兽国》讲的是小主人公和妈妈闹别扭的时候，忧郁的心情和在梦中与怪兽嬉戏的情景，所以整本书以黑色为主；《我的爷爷是幽灵》讲述的是小主人公的爷爷去世之后，爷爷变成了幽灵，在小主人公接受了爷爷去世的消息后，爷爷的幽灵消失了，整本书弥漫忧伤的心情，所以主色调是阴郁的蓝色。

（3）读、写、绘。对于低年级的学生，教师需要训练其复述故事的能力。读、写、绘是低年级绘本阅读后续的常见形式。读完绘本后，学生选择其中记忆最深刻的部分，用自己喜欢的方式画、写出来。

如教学《毛茸茸的小熊》绘本后，我让学生画出其中最喜欢的情节。有的学生选择毛茸茸的小熊躲在床底下的片段，有的学生选择毛茸茸的小熊躺在草地睡觉的片段。

（4）编故事。编故事可以分成两类。

一类是续编故事，即故事已经结束，绘本中的人物还会发生什么事，故事还会怎样发展，可以根据故事的情节续编故事。

如教学《折耳兔》绘本后，我让学生猜想折耳兔还会用什么办法把自己折下去的耳朵立起来，并通过绘画、文字的形式展现。有的学生续编折耳兔会用气球把折起的耳朵绑起，用气球飞起来的力量拉起耳朵；有的学生续编折耳兔会去医院做手术，让耳朵好起来。

另一类是联系生活，写自己的故事。绘本故事阅读结束后，学生有什么感想，有没有相同的经历，把相同的经历通过绘本故事的形式表现出来。

如教学《小猪变形记》绘本后，问学生在生活中有没有类似的经历，通过绘画或者文字的形式画出来、写下来。

3. 师生共读一本书

每月一本书，教师可以从学校图书馆借阅书籍，或者由学生自己到社区图书馆借阅。每周同步阅读速度，并设立一个讨论主题。

以《了不起的狐狸爸爸》为例。

第一周讨论的主题是："三个农场主为什么会不计代价也要把狐狸一家挖出来？你觉得值得吗？"

我效仿辩论赛的形式，将全班学生分成正、反两方，交替讲述本方的理由，并且反驳对方的说法。

第二周讨论的主题是："你觉得狐狸爸爸了不起在什么地方？"

我通过思维导图的形式，把学生讲的理由一一展示在黑板上，让全班同学一目了然。

第三周，我搜索了《了不起的狐狸爸爸》的电影，与学生一起观看，并对比电影与书籍的异同之处。

第四周讨论的主题是："你心目中的爸爸是怎样的？说说你的爸爸。"学生畅所欲言，各抒己见。

共读一本书，对学生理解文中优美的形象、深刻的意蕴、丰富的情感以及用词的色彩、语言节奏的强弱、情调和风格特色等都有很大的帮助。

学生阅读教育是一项长期而艰难的工程，若想把阅读植入学生的内心，我们还需把阅读带进课堂，通过创设阅读环境来培养阅读的习惯。

听课、评课，为教师专业成长助力

深圳市坪山区坑梓中心小学　曾欢欢

听课是一种对课堂进行仔细观察的活动，是提高教师素质、提升教学质量的重要方式。在这个过程中，教师可以不断总结经验，探索出自己的教学风格。评课则是听课活动结束之后的教学延伸，可以从中得到及时的反馈和评价，意识到教学的不足，有利于提高教师的专业水平。本文结合自己听课、评课的相关经验，浅谈听课、评课对教师专业成长的重要性。

在实际教学中，教师面临着很多的挑战。但是我们可以在听课、评课活动中自我反省、取长补短，提升自己的专业素养。

一、虚心求教，在评课中学习改进

还记得我曾执教的第一节公开课——《蟋蟀的住宅》，我按照之前三年级的教学思路认真准备，上课的效果也和预期差不多。但是，经过听取各位听课老师的建议，让我一下意识到我是在面对四年级的学生，而我存在一个亟待解决的问题——未注意学生的心理及年龄特征，一味沿用之前低年级的教学方式。认识到不足之后，我在平时的备课过程中结合学生的实际情况，有针对性地进行调整，不断改进自己的教学方法。

在之后的评课活动中，听课老师对我的优点和进步给予了鼓励和肯定，又提出了一些有针对性的专业意见。这既提升了我的教学信心和热情，也为我的专业成长提供了有效的帮助。

二、积极主动，在听课中取长补短

在接下来的日子里，我积极主动地去听学校各科教师的教学，尤其是语文教研课。在这个过程中，我及时总结教学经验，认真学习先进的教学方法。

在帮带过程中，张老师为我们上了两节示范课——《少年闰土》和《老人与海鸥》。《少年闰土》的授课，一开始就深深吸引了我。张老师结合单元目标，从他人评价和鲁迅的自我评价等角度向学生介绍鲁迅，从鲁迅引出课文的主人公——少年闰土。开篇引人入胜，让人不禁对闰土这个人物产生好奇。接下来，张老师引导学生自定目标，注重朗读的指导训练，采用多种朗读形式相结合，逐步引导学生说出自己的感受，读出真情实感。通过重点段落和语句，引导学生概括主要事件和闰土的人物特点。张老师还结合文本进行小练笔，抓住人物特征进行人物描写，颇有成效。在课堂上，张老师善于结合学生的情况适当调整教学策略，总能给予学生积极正面的评价。《老人与海鸥》这节课，张老师通过展示学生熟知的几个电视台台标，一下吸引住了学生的注意力，并且引出了昆明这座美丽的城市。张老师用自己朴实的教学风格，通过朗读自悟谈感受，用抑扬顿挫的方式让学生感受到老人对海鸥的爱。最后，张老师结合真实的新闻故事后续和视频《人鸥情未了》等，让学生进一步感受老人与海鸥之间的爱。这种层层推进的方式逐步加深了学生对文本的理解。这两堂示范课让我受益匪浅。

三、认真备课，在实践中反思提升

在教学《巨人的花园》时，我摒弃了之前课堂上用大量时间读写的教学模式，渐渐摸索出更适用的中年级教学方式；在教学《长城》时，我再次认识到要重视教学设计的针对性和板书的科学性，也碰到了如何有效将学生带入情境中的困惑；在教学《给予是快乐的》时，由于前面概述课文内容花费时间较长，导致后面内容呈现时间不够，让我意识到要注意把握课堂时间，保证课堂的完整性，达到更好的教学效果。还有，在一次次观看其他优秀教师的示范教学后，我也在一次次的摸索和调整中试着让学生自定目标，进行适当的小组合作。这种成长也使我大胆放手，不再一味地向学生传输知识，而是尝试着让学生成为课堂的主角，让学生更好地学习交流。

实践表明，听课、评课有利于对教学活动进行及时的反思，不断积累教育教学工作中的成功与失败，提升教师的专业能力。

论低年级科学识字教学

深圳市坪山区坪山实验学校　蔡靖琪

　　小学语文不仅是一门基础学科，而且是学好其他课程的基础。而识字作为小学语文的基础，成为低年级学生学习的重中之重。字词是语言文字的砖瓦，只有不断地积累砖瓦，语文知识才能不断积累，终建成学生关于语言文字运用的高楼大厦。可是，现在学生年龄偏小，接触有趣好玩的事物又多，进入小学就要学习大量字词，给人一种"赶鸭子上架"的感觉。按照课改要求，小学一年级语文教学不再强调拼音，课堂上教授生字时，甚至鼓励学生去蒙字、猜字。那么，教师应如何调动学生识字的兴趣呢？应采取怎样的方法帮助学生多认字、多识字呢？

一、字源识字，溯本求源

　　学生识字意味着音、形、义系统的形成，科学识字尤为重要，字源识字便是其中的一种。我们可以通过深入浅出地解剖汉字的构字方法，让学生形象生动地明白基本汉字的由来，便于学生有效记忆和区别，提高学生科学识字的效率。例如在教学象形字前，我不急于让学生学习书中的偏旁、牛字、词语，而是先请学生到黑板上画一画他们知道的一些字的早先写法。学生一下子来了兴致，在黑板上画出了"月""日""山""水""田"等字。接着我便引导学生了解中国的汉字最早是画出来的，给学生介绍了汉字的演变过程。学生被中国悠久的文字发展史深深地吸引住了。在教学"日"字的过程中，给学生展示该字的演变过程，让学生在头脑中形成文字符号与实际事物之间的相似性，得到了栩栩如生的汉字形象。

二、字理识字，举一反三

字理识字是根据汉字的构型规律，利用汉字的形与义进行识字教学。让学生从繁杂字体中抽出一部分代表该字的形与义，从而理解该字的形与义，并能学会举一反三。比如教学"木"字，画 米；教学"林"字，画 ㄨㄨ；教学"森"字，画 ㄨㄨ。让学生在明白木的起源之后，明白木和木字旁相关的字之间的联系。明确木的本义是树木，木字旁相关的字与木材成木制品相关。接着出示"柳""桃""杏""李""梨""松柏""植树""桌椅"等字词，加深学生的理解。

三、认清字族，辨形近字

由于低年级学生的具体形象思维明显，所以可以在字源字理识字中找到小窍门。部编教材一年级下册要求学生学会"青"字的同时，也学会区别"请、清、情、晴、睛"。为了方便学生辨别，我有以下几句口诀："有水方说'清'，有日天气'晴'，有言去邀'请'，有心'情'意浓，有目是眼'睛'，有虫是'蜻'蜓。"这样学生通过口诀理解了字义，也分清了字形。这时引导学生总结自己发现的记字形的方法，并运用自己的方法识记生字。在识字过程中，学生看到生字马上就会将生字与熟字进行比较。比较后，会发现在基本字的基础上加一加、减一减、换一换，就可以记住许多字的字形。教学时我告诉学生："许多字是由它原来的形象演变而来的，字的偏旁部首往往能表明这个字所指的意思。如言字旁的字往往与'说话'有关；女字旁的字往往与'女人'有关；竖心旁的字往往与'心情'有关；形声字中一般右边是字声，左边是字义。又如'菜''踩''睬''彩'这些字，虽然有些读音变了，但字义往往离不开偏旁所说的意思。"教学中我们把用基本字带出的数个音、形相近的合体字称为字族。假如在识字的过程中出现了某个字族的字，在学习这个字的同时，我会鼓励学生尽量多地运用加、减、换的识字方法，找出自己熟悉的这个字族中的字，比一比谁是识字小博士。

四、音形义合，汉字在手

有些学生时常把同音字、近音字记混了，要留意辨别这些字的用法。如"辩""辨"二字学生容易混淆，两字音同形不同，学生易写成"辩别""辨论"。面对这种情况，我给学生讲解："辩，是要开口讲话争辩，所以有言字旁；辨，是将事物一分为二，所以中间是刀，将两事物分辨开来。"并引导学生结合字的形、义想象，自己动脑筋区分记忆。最后，学生编出了形象生动的口诀："有口说话是争辩，有刀分开是分辨。"在语文活动课中，我再把这些口诀变成"它是谁""找朋友"等猜字游戏。学生在课堂上争先恐后地边说边猜，兴致勃勃，整堂课趣味盎然。课虽终，兴犹存。学生不自觉地在学中玩、在玩中学，错别字的问题迎刃而解。

学生的识字天地十分广阔，不局限于一两册课本，也不局限于小小的一堂课。生活是最好的识字课本，社会是最好的识字课堂，把大小课堂结合起来，更能调动学生识字的积极性、主动性。因此，充分利用社会这一识字的大课堂，营造氛围，组织开展各种识字活动，不失为一种极佳的识字途径。识字在日常生活中随处可见，让学生养成留意四周事物学习生字的习惯，对生字的熟悉大有帮助。从课文的内容出发，从学生的生活实际出发，从学生的需要出发。

五、联系实际，走进生活

刚踏进小学校园，许多熟悉的、陌生的同龄人因为求学聚在一起，所以彼此之间的好奇心是识字的大好机会。我让全班学生制作具有自己特色的姓名牌，并展示在桌面上。学生被名牌所吸引，名牌上的拼音和汉字供同学们拼读，相互之间加深认识。在短短的一个月里，大部分学生不单能学好拼音，还基本认识了全班同学的名字。在此基础上，我们开展"识字大王是领导"的比赛。要求是最快识记本组同学名字的学生当小组长，最快识记全班男同学名字的学生当课代表，最快识记最多同学名字的学生当学习委员，最快识记全班同学名字的学生当班长。激发了学生主动识字的愿望，为以后的教学提供了便利。

低年级学生活泼好动、好奇心强、注意力不易持久，根据他们的年龄和心理特征，我们应该多采用生动活泼、形式多样的识字方法，这样可以启发他们学习的积极性，使他们乐于识字、主动识字。"人生识字聪明始。"学生的创造力很强，特别是低年级的学生想象力更丰富。当学生出现写错别字时，作为教师对待学生不要一棒子打死或直接告诉学生答案，应该告诉学生，写字不要有差不多的想法，还要养成多动脑、多记、多分析的习惯，避免错别字再次出现，引导学生用自己的思维方式解决出现的问题。刚开始时可以师生共议找方法，之后再逐步地放手。在教学过程中，教师"授之以渔"，使学生把握正确、良好的学习方法，自己解决问题。这就达到了"教是为了将来不需要教"的目的，学生的能动性才能真正得以培养，也是加强统编教材科学识字的教材研究、落实指导以及提高识字教学的意义所在。

小学语文高年级课文教学过程梳理

——以《怀念母亲》教学为例

深圳市坪山区坑梓中心小学　程译萱

小学语文高年级学生已从具体形象思维向抽象逻辑思维过渡，但仍然同直接与感性经验相联系，具有很大成分的具体形象性，习惯于模仿实际动作。因此，需加强启发式教学，发展学生比较、分析、综合思维的能力。在课堂上，主张学生以课文为依据，但要跳出课文，学到更丰富的内容。

一、了解课文，把握生字词语

九年义务教育阶段的语文课程必须面向全体学生，使学生获得基本的语文素养。语文课程应培育学生热爱语文的思想感情，指导学生正确理解和运用祖国语言，丰富语言的积累，培养语感，发展思维，使他们具有适应实际需要的识字写字能力、阅读能力、写作能力和口语交际能力。语文课程还应重视提高学生的品德修养和审美情趣，使他们逐步形成良好的个性和健全的人格，促进德、智、体、美的和谐发展。

课文是学生学习的基础，而掌握了生字词才能为后面的学习扫清障碍。所以，第二课时的导入可以运用复习上节课的知识点——读词语，用一句话概括课文主要内容的方法引入课堂。

二、以单元的主题内容为依据，品读重点句段

正确把握语文教育的特点。教师应该重视语文的熏陶感染作用，注意教学内容的价值取向，同时也应尊重学生在学习过程中的独特体验，着重培养学生的语文实践能力，而培养这种能力的主要途径应是语文实践。

六年级上册第二组课文的单元学习提示指出："在读懂课文内容的基础

上，体会关键词句在表情达意方面的作用；围绕'祖国在我心中'的专题进行综合性学习，增强对祖国的热爱之情。"教师在导入后提出让学生自读自悟，感受作者的怀念之情。可以让学生圈出关键词进行体会，也可以用横线画出相关的句子进行体会，使得学生在把握主要内容后抓住重点。

三、小组合作，讨论分享

学生是学习和发展的主体。语文课程必须根据学生身心发展和语文学习的特点，关注学生的个体差异和不同的学习需求，爱护学生的好奇心、求知欲，充分激发学生的主动意识和进取精神，倡导自主、合作、探究的学习方式。教学内容的确定、教学方法的选择、评价方法的选择，都应有助于这种学习方式的形成。语文综合性学习有利于学生在感兴趣的自主活动中全面提高语文素养，是培养学生主动探究、团结合作、勇于创新的重要途径，应该积极提倡。

在课堂上让学生主动质疑、解决问题，发挥他们的主动性。利用小组合作，增强他们的合作能力和学习能力。课堂上，某老师在执教《怀念母亲》这一课时提出"从哪些地方可以看出作者对'两个母亲怀有同样崇高的敬意和同样真挚的爱慕'"的问题，并分别画出相关词语，用心品读（静思—轻读—美读），做好批注。联系上下文，体会关键词语表情达意的作用，然后进行小组汇报，并重点点拨"我痛苦了几天，食不下咽，寝不安席"一句话。让学生从读句子到分析词语，最后谈整句理解，问题层层递进、环环相扣，学生也会思如泉涌。

四、工具性与人文性结合，学习后进行小练笔

语文是实践性很强的课程，应着重培养学生的语文实践能力，不宜刻意追求语文知识的系统性和完整性。

在教学最后的"设计拓展练习"环节，发挥学生的想象，完善季羡林先生《寻梦》的文章，进行《寻梦》续写。教师同时在学生的练笔中检测到学生对本节课情感的掌握。

五、拓展阅读，丰富学生阅读量

小学语文高年级在阅读方面对学生的要求是应利用图书馆、网络等信息渠

道，尝试进行探索性阅读，拓展自己的阅读面，课外阅读总量不少于100万字。

大部分学生的课外阅读量有限，所以教师应以课文为基础，跳出课本，进行课文相关内容的阅读。另一名老师执教时在教学后半段引出季羡林先生《赋得永久的悔》一文，让学生了解季羡林对母亲的怀念，既加深了课文理解，也帮助学生增加了课外阅读量。

除了以上五个必要环节，语文课程应植根于现实，面向世界、面向未来。应拓宽语文学习和运用的领域，注重跨学科的学习和现代化科技手段的运用，使学生在不同内容和方法的相互交叉、渗透和整合中开阔视野，提高学习效率，初步获得现代社会所需要的语文实践能力。所以，教师应紧跟时事消息，与课文结合，把当代社会的重要消息传递给学生，帮助学生开阔眼界，并能够根据社会的需要不断自我调节、更新发展。

每位教师都有自己的风采和魅力，让每节课都充满活力，让学生乐在其中，体会语文的魅力。

浅谈低年级寓言教学

深圳市坪山区坑梓中心小学　何雍彦

寓言在小学语文教材中占有重要地位。寓言教学与一般的课文讲授不同，更注重课堂的趣味性、引导性、创造性和实用性。特别是低年级的学生，形象思维较强，理解能力较差，缺乏感性经验，很难自主理解深刻的寓意。所以在低年级语言教学中，需要合理地设计教学环节，做到寓教于乐、学有所乐、学有所得。

寓言是一种讽喻或寄托的故事，是一种形象与寓意相结合的文学体裁。教材中的寓言故事篇幅短小，且多是古代寓言，寓意含蓄而深刻。小学寓言教学要根据学生的心理和智力发展特征进行教学设计。低年级学生由于思维侧重形象性的特征，往往提炼概括能力较差，语句不连贯或词不达意，需要教师在学生把握寓言故事情节的基础上进行启发、引导。同时，低年级寓言教学为高年级寓言教学打下基础，且比高年级的寓言教学显得更为艰巨、更具有挑战性。低年级教学中要有童心，不以成人的眼光品论寓言，做到寓教于乐，在课堂中趣味教学，让学生体会寓言的乐趣。

一、寓言教学的地位

1. 教材编写中的地位

在小学语文教材中，寓言作为一种区别于散文、诗歌的特殊文学体裁而被广泛采用，虽然教材几经改革，但寓言在教材中依然处于不可动摇的地位。纵览教材，寓言故事的课文并不少：二年级下册有《揠苗助长》《守株待兔》；三年级下册有《亡羊补牢》《南辕北辙》；四年级下册有《纪昌学射》《扁鹊治病》；还有一些含义深刻的小故事，在积累运用中作为趣味阅读。可见，寓言在小学语文教学中具有十分重要的地位。

从教材的编写来看，中年级开始，学生正式学习寓言这一体裁。那么，学生之前有没有接触过寓言呢？答案是肯定的，他们在平时的课外阅读中已经接触过中国成语故事和童话故事，而且《乌鸦喝水》、《坐井观天》和《酸的和甜的》等课文也初显寓言的雏形，都是通过一个故事来说明一个道理。在低年级寓言教学中，教师要重视培养学生的理性思维，使学生在感受故事情节的同时能够进行分析、抽象等思维活动，得到寓意的智慧启迪。

2. 对学生身心发展的意义

中国当代寓言的开篇人——金江先生，在"金江寓言研讨会"上这样评价寓言及寓言教学："寓言这种文学形式不仅得到成人喜好，并且深受青少年儿童的欢迎和喜爱。教师通过寓言教育儿童最适宜不过了。寓言既简短又具体，既生动又形象，使儿童懂得道理、受到教育，效果很好。"

比起单调乏味的说教，寓言能够在不知不觉中传递智慧，建立正确的人生观、价值观和世界观，引导每个学生从形象思维发达而理性思维较弱的童年、少年时代，逐步迈进理性思维成熟的成年时代。寓言多运用拟人、夸张的手法，塑造个性鲜明的人物形象，对学生的性格形成和发展起着不可忽视的作用。寓言所蕴含的人生道理也潜移默化地影响着学生的思想道德。

二、教学中存在的问题

1. 趣味性

趣味性是寓言教学的第一要点。在低年级的寓言教学中，有些教师只关注如何让学生懂得寓言的道理，一味地灌输自己对寓言的理解，用说教代替学生的感悟。事实上，低年级学生的心理和智力发展水平均处于很低的阶段，受自身认识能力的限制，对很多事物的认识具有独特的童趣性和幼稚性等特点。在教学的过程中缺少模仿表演和多媒体展示等直观教学方法，学生会很难进入课文的情境当中，自然不能深刻理解寓言故事的情节和感受艺术的形象，从而不能全面准确地把握寓言主题，只能在头脑中形成非常抽象的概念。

2. 引导性

小学生的思维特点以感性形象为主，理性思维较弱，在领悟故事中的深层含义，包括引申意义和比喻意义方面有一定的困难。寓言教学的过程要讲究循序渐进，注重对学生的引导性。在寓言教学中，有的教师觉得低年级学生什么都不懂，刻意回避提问学生的环节，或者问的问题之间缺乏连续性和引导性，导致学生跟不上教师的教学进度。低年级学生认识的事物是有限的，但他们的思维却是无限的，犹如天马行空。所以，教师既要引领学生走进寓言表层的寓体，又要将他们导向里面的意味。

3. 创造性

寓言教学要重视创造性，培养学生的发散思维，而不是照本宣科、生搬硬套。有些教师在进行寓言教学时没有站在学生的立场上感悟寓言的真谛，而是用成人的眼光看待寓言里的人物和情节。由于教师的思维定式，往往会根据自己的经验和参考书将寓言所告知的哲理独断为唯一的理解和解释，打击了学生创造性思维的发展。正所谓"一千个读者就有一千个哈姆雷特"，每个人的看法都不尽相同。寓言教学既要引导学生自主体会感悟，又要鼓励他们发表自己的见解，允许他们独特体验。

4. 实用性

有些教师只停留于书本，不能联系现实生活，仿佛讲完了课本学生就理解了。寓言教学不能仅仅停留在表层，而是要引导学生把作品与现实相联系，将单一的寓意扩展至生活的普遍现象，挖掘更为深刻的意蕴，这样对学生的教育才更有效。

低年级学生年龄小，在语言表达方面存在障碍，更加依赖教师的指导和支持。但在小学寓言教学中存在这样或那样的问题，都不利于小学生全面理解寓言故事的情节和准确感悟寓意，同时也违背了寓言教学的目标，不能全面体现寓言教学的价值。那么，怎样才能将学生引进寓言故事，让学生领略寓言故事的美、感悟寓言故事的理呢？

《小学语文有效教学评价》中指出："要走出传统应试教学的怪圈，打破禁锢学生创造的'围城'，从'咬文嚼字'的僵化教法中解脱出来，引领学生置身于作品所描述的情境，与作者对话，与文本对话。思想感情随着文本内容波澜起伏，领悟其意蕴，吸收其精华，与此同时渗入自己的感情，用自己的生活经验、知识水平来解读文本，获得认同感。并且自觉地与现实生活比较，从而赋予文本更深刻、更丰富的内涵。"

三、如何进行低年级寓言教学

1. 回忆旧知，承上启下

在小学阶段的语文教材中，寓言故事都是分学段编排的。为了保证学生学习过程的顺利过渡，开头应该有"唤醒学生记忆"的环节，我们称之为"回忆旧知，承上启下"。就是每接触一篇新的寓言，先引导学生回忆学过的寓言故事，巩固对寓言的认知，再引出新课。

如教学二年级下册第七单元《寓言两则》一课时，可以出示上学期学过的课文《坐井观天》，向学生发问："你们知道《坐井观天》这个故事讲了什么道理吗？"学生回忆学习过的知识，回答出课文的道理。教师可以由此引出"寓言"这一主题。对照《坐井观天》，学生能够推测到寓言就是通过一个故事来说明一个道理。然后，教师补充介绍"寓言"这一体裁的特点，加深学生的印象。这样的教学设计有助于教学内容的衔接，有助于提高教学的整体效果。

2. 梳理思路，以读促悟

寓言故事的寓意仿佛是一根看不见的线，贯穿全文。因此，我们在引领学生理解故事的过程中可以找出并抓住这根看不见的线，沿着这条线顺藤摸瓜，引导学生发挥丰富的想象，抓住比喻、拟人、夸张等修辞手法，使故事中的一切事物都活起来，让它们来到学生的生活中，从而使学生自己悟出其中的理。我们将这一环节称为"梳理思路，以读促悟"。

如教学三年级下册第三单元《亡羊补牢》一课时，为帮助学生逐层深入地理解寓意，教师可以这样设计教学：第一步感知故事内容，掌握故事情节，启发学生概括："养羊人一共丢了几次羊？为什么丢羊？为什么补羊圈？结果怎样？"第二步分角色朗读，深入理解课文，启发学生思考："街坊怎么劝告这个人？如果你在场，你会如何劝告他？这个人修补羊圈后会说些什么？"第三步尝试就事论事，深化寓意，启发学生思考："从《亡羊补牢》这个故事中，我们应该吸取什么教训？明白了什么道理？"这种阶梯式的概括，体现了由现象到本质的思维过程，既符合学生的认识规律，又利于学生逻辑思维能力的培养。

3. 创设情境，心灵对话

"寓教于乐"是低年级教学的重要手段。由于小学生形象思维较强、理解能力较差、缺乏感性经验，要揭示和理解深刻的寓意具有一定的难度，所以在寓言故事教学中，我们可以创设故事情境，让学生模仿其中的角色进行对话表演，从而代入角色、融入故事、自主探究。

如教学二年级下册第七单元《守株待兔》一课时，教师可以扮演课文中的种田人，学生扮演种田人的亲戚朋友，然后设计问题："你想对种田人说些什么？你能劝劝他吗？"让学生去教育种田人，从而启发他们自主感悟寓言的道理。寓言中的种田人是虚的，无法与学生进行沟通交流，但教师可以扮演这个种田人，与学生进行一问一答。由此激发学生学习的兴趣，调动他们学习的积极性，启发他们自主思考，真正将课堂时间还给学生，让学生获得知识，主动地学习。

想象对学生来说是一项很重要的能力，他们也喜欢发挥丰富的想象。因此，在《守株待兔》的教学过程中，可以让学生大胆地想象："野兔为什么会跑来撞死在树桩上？种田人每天都捡到野兔会干什么？如果你遇到这个种田人，你想对他说什么？"在寓言教学中，让学生多动口、多动脑，能加深对寓言的理解；让学生适时地、大胆地发挥想象，能使课堂气氛活跃起来。

4. 拓展延伸，回归实际

寓言用虚构的故事、夸张的情节说明深刻的道理。而当故事学习结束后，如果不能与现实进行联系，那么这样学习的意义就会大打折扣，所以教学应设计最后一个环节，就是"拓展延伸，回归实际"。通过设计有一定梯度的思考题，为学生铺设思维的过渡，将感性认识上升到理性认识，自表入里、由浅而深地理解寓意。

在教学过程中，教师可以联系生活实际体会寓意，让学生对语言有深刻的体验，获得情感的熏陶。如教学二年级下册第七单元《揠苗助长》一课时，这则寓言通过有个人盼望禾苗长得快些，就把禾苗一棵一棵往上拔，结果禾苗都枯死的事，说明做事要考虑发展规律，急于求成反而会把事情弄糟。如果直接把道理告诉学生，他们可能一知半解、懵懵懂懂。学生缺乏生活常识，甚至连发展规律都不清楚，这时教师可以联系现实生活中类似的事情进行对比教学。学生在领会寓意的过程中受到了潜移默化的思想品德教育，感悟现实生活。

四、小结

寓言教学是语文教学的一部分，但寓言又与一般的课文不同，以其独特的视角、生动的语言以及发人深省的道理，极大地吸引了学生的学习兴趣，特别是低年级的学生。

寓言教学要深入文本，把握寓意，但不能让唯一的标准来框定学生的思想，要给学生想象的空间。寓言教学要做到寓教于乐，教师要有一颗童心，以学生的眼光看待寓言故事，拉近学生与教师的心理差距，增进彼此的心灵交流。

学习寓言就得让课堂充满乐趣。教学并不是苦行者的修行之旅，而是师生共同探究寻觅语文的乐趣，学有所得、学有所乐。所以，寓言教学要体现语文的趣味性，不要在课堂中灌输学生枯燥无味的机械理论，而应该让他们主动参与到学习当中，自觉学习感兴趣的知识，丰富自我。

浅谈提高小学生语言文字运用能力的方法

深圳市坪山区坑梓中心小学　李伟伶

新课标指出："语文是最重要的交际工具，要指导学生正确理解和运用祖国语言，丰富语言的积累。"口语表达能力是人类日常生活和沟通的基本功能，也是书面表达能力的重要基础。小学阶段的语文教学工作更是基础中的基础，走好这一步至关重要。纵观现在的语文课堂教学，长期以来，教学的重点几乎都放在培养学生阅读分析力与对课文的理解上，忽视了语言的积累与运用。这样一来，学生在语言文字运用上容易出现一些问题，如在考试、写作文时错别字泛滥、标点乱用、成语误用等。那么，如何提高学生的语言文字运用能力呢？下面将从实际教学工作方面谈谈我的感悟。

一、创设情境，角色扮演

语言文字的运用离不开具体的语言环境，在具体的语言环境中，词语才具有生命力。若想让学生完全理解、灵活运用词语，只有让学生全身心地投入到情境中才更有效果。教学时运用角色表演来理解含义，既能调动学生学习的积极性，又比简单说教理解得更深刻、灵动，对学生语言文字的掌握和运用起到很好的促进作用。

如教学《动物王国开大会》一课时，我首先准备好动物头饰，让学生分别扮演狗熊、老虎、狐狸、大灰狼和梅花鹿，并在课前要求学生熟读课文。学生热情高涨，很主动地投入到学习中，课堂上再次阅读课文。学生在初步阅读的基础上进一步理解，我再指导学生结合课文插图，认真朗读动物们之间的对话，思考狗熊反反复复通知了四次才成功召开大会的原因，并结合自己的生活实际谈谈在和别人传达信息时应该怎么说。这个问题比较贴近生活，学生自然有感而发，积极回答，也是一个锻炼语言文字运用的机会。还可以开展小组表演比赛，台上学生投入表演，台下学生仔细观看，看看哪组学生动作、语气和表情表现到位，语言运用熟练，并且大家互相点评，选出优胜小组。这样一来，既有利于学生的语言表达，又为以后的写作打下一定的基础。课文结束后，在拓展训练方面，让学生再总结"通知时的各要素"时，学生已经能够完整流利地说出来。我顺势让学生练习写通知，从读到演，从口头说话到动手写，学生的语言文字运用能力有了很大的提高。

二、激发兴趣，自主学习

程颐说："教人未见其趣，必不乐学也。"乐学就是让学生愿意学习、主动学习，并乐在其中。因此，要根据小学生的年龄特点，激发其学习欲望，要让学生有想表达的欲望，简单地说就是敢于课上举手发言。

如教学《风娃娃》一课时，在学生自学字词、初读课文的基础上，我首先帮助学生理解课文："风娃娃都到过什么地方，做过什么事情？"在理解课文的基础上，让学生自己讲讲这个故事，然后以学生喜欢的童话故事为主线，聘请学生当小小调查员："请你选择喜欢的一个地方做个小调查，在这个地方，人们是喜欢风娃娃还是不喜欢风娃娃？并说出你的理由。"这一下激起了学生的学习兴趣。在调查结果中，有选择风娃娃到广场帮孩子放风筝的，结论是人们不喜欢风娃娃。我引导学生回答从哪些句子可以看出来人们不喜欢风娃娃，并问："当你碰到了风娃娃，你会怎样责怪它？它把小朋友的风筝吹断了，你会对它说什么？"也有选择风娃娃到田野帮农民伯伯灌溉秧苗的，结论是人们喜欢风娃娃。学生通过模仿表演、朗读，体会风娃娃用力气帮助风车抽水，灌溉秧苗。接下来我向学生提出问题："如果此时你是田里的小秧苗，你会对风娃娃说什么？如果此时你是农民伯伯，你又会对风娃娃说什么？"这一环节我让学生小组间互相交流，通过丰富的想象，学生畅所欲言。在这个过程中，我及时给予学生鼓励和表扬，激发学生内在的学习欲望。学生学习热情高涨，思维能力和想象力都得到很大提高，在交流的过程中也能很好地提高学生的语言文字运用能力。最后再根据学生好奇心强的特点，引导学生说一说风还能为人们做哪些好事。学生在理解、体会、想象与交流中积累了语言文字，还尝试着运用语言文字表达。从注重阅读理解分析到语言文字运用的转变，学生在丰富多彩的语言实践中发展语言能力，提高语文素养。

三、拓展阅读，丰富语言

新课标要求教师重视学生的课外阅读，并且对每个阶段的课外阅读都有量的规定，最主要的目的是丰富学生的语言。但学生由于年龄的原因，选择课外书时往往比较盲目、随意，这样就不能提高阅读质量。所以在对学生进行课外阅读指导时，既要尊重学生的阅读兴趣，又要保证阅读质量，可以选择教师推荐、学生自荐来选择书籍。我们可以推荐一些有利于身心发展的书籍，例如传统美德故事、神话故事、童话寓言故事等，也可推荐知识类的书籍，例如《十万个为什么》、科幻类读物等。

这学期我给学生推荐了几本儿童故事书，如《神笔马良》《一起长大的玩具》《愿望的实现》等。学生拥有一本好书后，两个星期内我和全班学生一起读完，其间加强阅读指导，主要分成读、议、写三个环节。

1. 读

学生在家里自由朗读故事，要求读准字音、读得通顺、培养语感，这也是语言训练中最基本的要求。

2. 议

同一篇文章，学生在经过朗读以后一定会有自己的见解。课堂上选择小组讨论的形式解决教师提出的问题，再让学生举手发表自己对故事的看法。例如，学习课文懂得了什么道理，喜欢里面哪个词、哪一段话，等等。

3. 写

人们常说"好记性不如烂笔头"。这学期我除了让学生阅读儿童故事以外，每星期都会让他们写两篇读书笔记，让他们将自己在文中发现的好词、好句以及读后感写出来，并且利用辅导课或阅读课时间进行展示，学生在这种宽松愉悦的氛围中更愿意表达。经过一段时间的训练，学生慢慢将阅读变成了一种习惯。

总而言之，语言文字运用能力是小学生语文学科发展的关键。我们在教学中要让学生学会运用、驾驭语言文字这种工具，让学生在课堂、生活中以及不同的领域里运用好语言文字。

中 篇

发 展

《小学语文课堂教学目标设定及达成策略》 课程大纲

课程开发 张 珂 张其龙

一、说明

1. 课程性质

本课程属于小学语文教学类专业科目课程，使小学语文教师对语文课程的性质和特点有了进一步的认识和了解，提高了教师对教材的解读能力，在教学中能够通过准确设定及达成教学目标提高教学的有效性、提升教师的课堂掌控力，从而促进小学语文教师业务水平和综合能力的发展。

2. 教学目的

小学语文教师通过本课程的学习，进一步认识语文课程的性质与特点，理解教材编写意图，在教学中准确设定教学目标，厘清教学设计的重点和难点，明确达成目标的策略，掌握利用教材提升学生语文能力和综合素养的方法。

3. 教学内容

语文是人文性与工具性有机统一的一门学科。开设语文课程就是希望通过教材中各部分内容的学习，有效提高听、说、读、写以及文本感悟等语文能力，从而促进语文素养的发展。课程的三维目标分别是知识与技能目标、过程与方法目标、情感态度与价值观目标。在目前的语文教学中，绝大部分教师对情感态度与价值观目标的把握较为准确，却往往容易忽略和把握不准除字词以外其他方面的知识与技能目标，导致语文课堂变味，不能体现语文课程的学科特点。本课程主要完成三个方面的学习，让语文课有语文味。

（1）语文课要解决的是什么？什么是准确的语文教学目标？（指向教师）

（2）如何培养学生的目标意识？（指向学生）

（3）在教学过程中如何达成学生预设的目标？（指向课堂）

4. 教学时数

6学时。

5. 教学方式与时数

课堂讲授：3学时。

课堂互动教学：3学时。

二、正文

第一章　语文课的教学目标

教学要点：

何谓语文课、何谓教学目标、教学目标与语文能力的关系。

教学时数：

2学时。

教学内容：

解读语文课程标准中关于语文学科的性质，以及课标中关于教学目标和学生语文能力的具体要求，分析如何通过语文课程的学习达成学生的学习要求。

解读语文教材，明确教材编写意图，弄清教材中哪些内容直接指向教学目标和学生语文能力的培养与训练，从而明确教材中哪些目标是准确的、合适的。

考核要求：

了解语文课的教学目标。

第二章　学生目标意识的培养

教学要点：

教学目标、意识培养。

教学时数：

1学时。

教学内容：

学生是学习的主体，是课堂的主人。教学目标的制定必须满足学生的学习需要，真正使课堂变得有效。当学生把"要我学"变成"我要学"，即意识形态发生改变。当"我要学"在潜移默化中变成"我要学什么""我要怎么学"时，学生就真正成为学习的主体。本章内容主要是教师通过梯次辅导，使学生了解单元教材的设计结构，对单元教材进行整体学习。归纳学习要求，使学习关注度不只停留在内容层面上，更提升到方法学习上，从而有效提升语文能力和素养。

考核要求：

了解学生目标意识培养的重要性。

<h2 align="center">第三章 教学目标的达成策略</h2>

教学要点：

教学策略、教学方法。

教学时数：

3学时，其中2学时为课堂教学观摩及互动评讲。

教学内容：

进行一个教学课例的观摩研讨，成员间互动分析讨论，从课例中提炼出关于目标达成的相应内容和方法，通过讨论自悟的方式阐明自己的观点。无论是内容教学、方法教学，还是拓展提升、作业设计等方面，都要紧紧围绕目标进行，最终有效达成预设的教学目标。

考核要求：

课例观摩后提交课堂观察表，准确提出目标达成的具体措施和方法。

三、参考书目及简介

《从教课文到教语文——小学语文教学专题行动研究》，吴忠豪，高等教育出版社，2012年3月。本书对语文课程的性质进行了解读，清楚地阐述了语文课程的学科特点，以及教师如何通过教材教学来培养和提升学生的语文能力和素养。

《语文学理》，汪潮，浙江大学出版社，2013年6月。本书对语文学习的规律、策略、方法以及心理原理做了细致、深入的阐述，为语文学习提供了理论依据。

《求真务实的教学火花》（上、下卷），石景章，吉林音像出版社，2006年5月。本书对语文教材进行了解读，对准确把握教材目标有很好的借鉴作用，同时在目标达成策略上也有可取之处。

四、本课程使用教具和现代教育技术的指导性意见

本课程除了课堂讲授，更注重成员课后的练习。通过网络平台互动，加强沟通和学习，及时解答成员在日常教学中的疑难。课堂讲授亦可拍摄成视频上传到网络，与网络互动平台形成完善的网络课程，使之能突破距离的限制，扩大影响力。

《圆明园的毁灭》教学实录

执教 深圳市龙华区玉龙学校 程圣芬

【教学目标】

通读课文，抓住关键句段了解圆明园昔日的辉煌和惨遭的毁灭，感受中华民族曾经屈辱的历史。

【教学过程】

（一）感受辉煌

1. 出示四字词

师：老师准备了一个小挑战来考考大家，你们有信心接受挑战吗？

师：请正确读出这些描写圆明园的四字词。（学生读）

师：都读正确了，看来难不倒大家！

师：读了这些词语，你有什么感受呢？

师：你从哪些地方感受到圆明园昔日的辉煌？找出相应的句子，说说你的感受。

2. 教学预设

（1）有……也有……有……也有……

师：你感受到了什么？你仿佛看到什么？（生：金碧辉煌）对啊！我也想到这金碧辉煌的殿堂走一走！你能够告诉我，这金碧辉煌的殿堂可能是怎么样的吗？里面会有什么？

师（出示图片）：这就是你们所说的金碧辉煌的殿堂。怎么样？美吧！

师：假如让你穿越到清朝，看到这金碧辉煌的殿堂，你的心里会发出怎样的赞叹呢？

师：请你带着这样的赞叹之情读一读。（学生朗读）读得真不错！相信你们小组中还有高手能够把它读好，请小组的同学也像他这样美美地读一读。（小组同学读）

（2）上自……下至……

师：你们想看看这些奇珍异宝吗？（出示图片）对呀，圆明园真不愧是当时世界上最大的博物馆、艺术馆！

（3）不仅有……还有……

师（出示图片）：你真会读书，找到了西洋建筑。请看！这样中西合璧的大水法，美不美？

师：圆明园中的景物仅仅只有这些吗？你们还想不想再欣赏这样的美景？

师（出示图片）：请同学们看，圆明园中——

生1：不仅有精致宁静的狮子林，还有诗情画意的武陵春色。

生2：不仅有月色迷人的平湖秋月，还有风光无限的雷峰夕照。

师：此时，让我们伴着微风走进圆明园。这里的景色那么多，想走到哪就走到哪，想看什么就看什么，真是自由自在啊！就让我们带着这份无拘无束的心情，漫步圆明园吧！

师：漫步园内，有如漫游在天南海北，饱览着中外风景名胜；流连其间，仿佛置身在幻想的境界里。

（二）情感铺垫

师：（出示图片）昔日的圆明园是多么辉煌、璀璨，却遭到外国侵略者的残暴蹂躏。你听，圆明园中的一景一物、一花一草正发出痛苦的悲吟！

师：海宁的安澜园还有吗？（生：没有了）

师：苏州的狮子林还有吗？（生：没有了）

师：武陵春色、蓬莱瑶台还有吗？（生：没有了）

师：平湖秋月、雷峰夕照还有吗？（生：没有了）

师：青铜礼器、名人书画、奇珍异宝还有吗？（生：没有了）

师：所有的瑰宝和精华通通没有了！

师：现在，让我们看看这满目疮痍的圆明园吧！

师（引读）：没有金碧辉煌的殿堂，也没有玲珑剔透的亭台楼阁；没有象征着热闹街市的"买卖街"，也没有象征着田园风光的山乡村野。园中没有民族建筑，也没有西洋景观。上自先秦时代的青铜礼器，没有了；下至唐、宋、元、明、清历代的名人书画和各种奇珍异宝，也没有了。

师：读到这里，你心里是怎样的滋味？（生：惋惜、痛恨）

师：让我们带着心中的悲痛再来读一读，老师读第一句，同学们读第二句。

（三）聚焦毁灭

师：此时，我们仿佛看到辉煌、璀璨的圆明园在我们的眼前被毁灭！

师：默读第五自然段，在描写圆明园的毁灭经过中，有哪些地方令你触动最深？

师：他们把园内凡是能拿走的东西统统掠走；拿不动的，就用大车或牲口搬运；实在运不走的，就任意破坏、毁掉！

师：你的心情是怎么样的？（生：痛恨）痛恨谁？为什么？读到这里，你的脑海中仿佛看到了怎样的画面？（学生回答）

师：你很会读书，能够边读边想象画面。请你带着这些画面再把句子读一读。

师：如果老师把这个句子改一改，同学们感受一下有什么不同？（板书关键词）

师：从这些词语中，我们可以感受到侵略者的行为是多么野蛮、不可理喻！

师：请女同学看大屏幕，让我们用朗读去抨击侵略者的滔天大罪。

师：请男同学看大屏幕，让我们用朗读去撕下这帮强盗的面具。

《圆明园的毁灭》辩课有感

深圳市坪山区坑梓中心小学　边 蓉

一、三辩辩词

主持人、在场的老师们：

大家下午好！

看到对方辩友如此激动地表达那并不妥当的观点，我想说一句话：对方辩友，你们辛苦了！的确，在鸡蛋里面挑骨头是一件比较困难的事。如果刚才我方二辩的阐述还不能让你们折服，下面我从学生角度的论证定让你们心服口服。

1. 内心满足，乐于参与

看目标是否合理、策略是否有效，有一句话叫"不看广告看疗效"。作为教师，我们应该满足学生的内在需求。五年级的学生处于儿童期与少年期的交接点，对课文的思想体悟仍存有困难，但心理上他们的独立能力骤增，乐于参与团体活动。所以在课堂上能看到教师以默读、静思、交流等形式激发学生的内在动力，也看到教师通过图片引导、情绪启发、视频感染等方式帮助学生解决学习中的重难点。正因为有这么多符合学生心理特点发展的课堂策略，才有了学生的积极参与和大胆自信的表达。

2. 语言丰富，入境朗读

《语文课程标准》指出："语文是最重要的交际工具，是人类文化的重要组成部分。"课堂上丰富的词语不断从学生口中表达出来，轻松完成说话练习，还有那层层递进的投入朗读，既仅体现了语文工具性与人文性的统一，更证明了本堂课目标的合理性及策略的有效性。

3. 学而有法，学有收获

叶圣陶先生有"得法于课堂，得益于课外"的教育观点。今天，学生在课堂上运用了各种学习方法，还运用了课外查找、收集、整理资料的方式。这好比给学生打开了生活语文的一扇窗，这种收获并不是对方一两句否定的话就能抹杀的。我希望对方辩友能提高教育认识，明白"一堂课并不只是一堂课"的道理，从学生出发，实事求是！

我的发言完毕，谢谢大家！

二、辩课有感

从模糊到清晰，从无言到敢言，这是我经历本次辩课的感受。

刚接到任务时，我一脸茫然。从音乐转行教语文后，我一直在低年级教学，哪敢评说高年级的教学呢？第一次听程圣芬老师试上课时，张珂老师问我："你有话说吗？"作为正方三辩，我真的无话可说，也不知从何说起。看着叶老师、张老师从学科特点到单元目标一点点地跟程老师讲解，我却在一旁傻坐，插不上话。叶老师给我一份复印的教材和大纲，并对我说："你先去找找五年级学生的心理特点、学段目标。"我不敢怠慢，每天晚上等女儿入睡后，立刻爬起来翻书、上网、摘抄，将高年级的各项语文目标及学生心理、学科特点都整理了一遍，但心里依然没底。

再者，辩课的形式我也是首次接触，印象中还是上初中时经历过一次关于"开卷有益"的辩论会。所以，"如何辩"也让我思考了许久。我上网查找了许多有关"辩课"的资料，学习他们如何发现课堂亮点、如何抓住对方漏洞、如何幽默又有力量地攻防对手。还好，学校教研组提前组织了一次模拟辩课活动。在那次活动中，我初步了解了辩课的流程，感受到辩课的紧张氛围。虽然心里依然没底，但对此产生了兴趣，开始清晰自己的角色。

辩课环节可谓是一场没有硝烟的战争。书香小学的辩课老师是辩课的前辈，语言丰富，经验十足，与他们的"交战"也是一次学习。本次辩课活动的主题是"教学目标设定与达成策略研究"。根据叶老师给我布置的任务，我从学生的角度分析程老师这堂课目标的合理性和策略的有效性。说实话，在几百人的会场上不断阐述自己的观点是有些紧张的。耳朵认真听着对方辩友的字字句句，脑中不断思考应对的观点，不过对我这般"人来疯"的性格来说也算是一种享受。在专家点评的过程中，书香小学的聂校长将我领到台中，肯定了我在活动中的表现和努力。

　　活动虽已结束，但我的脑海里一直浮现着辩课的场景，当时没能攻破的问题依然在思考。依据学生在课堂上的表现，我方还是有很多事例和观点可以反击，也可以绕过对方的步步逼近反问追击。我想，这也是"五段互动式"活动的意义所在——活动结束，思考继续。

课堂在互动　素养在提升

深圳市坪山区坑梓中心小学　黄雅丽

"五段互动式"培训是一种新型的教师培训模式，分成讲座、上课、辩课、点评、反思等五个环节。我个人比较认同这样的培训模式，因为这是针对某一种观点或者理念的具体实施，并且就某一节示范课做出评价。只是形式上火药味比较浓，最后还要落实到每个人的思考和总结上。比起普通的讲座培训，这样的"五段互动式"培训多了实践和讨论的环节，更具有使用性和实操性。

一、简短精湛的讲座

本次活动的主题是教学目标的设定及实施策略的有效性。换一句话说，就是教师这节课制定的目标是否合理，有没有利用教学手段把设定的目标实现。

张老师先区分了三维目标和语文教学的细微区别，并从三个层次阐述了语文课堂应该涵盖的内容：文本认识，包括字、词、句、段、篇的理解；情感体验，就是情感价值观的培养；方法层面，包括课文是如何写的，课文内容的表现形式，我们该如何运用课文的写作手法去写作等。

张老师重点强调，教学要以学生为本，从学生的角度出发。教学目标既要体现学生的主体性，又要有教师的设计和引导，不能任由学生天马行空，还是要回归到课标、课文的学习。在教学过程中要突出重点，不能步步平均使力，每个环节的内容都要紧紧围绕教学目标进行，不能让目标成为空中楼阁。即便是拓展、练习、作业，都要围绕目标进行。也就是说，课堂是紧扣目标进行的，可以利用多种手法帮助学生学习。

讲座虽然只有短短的20分钟，但对于执着于课堂形式和活力的我而言是醍醐灌顶。教学再怎样都不能离开对文本的研读和对目标的设定，热闹的形式只是锦上添花的手段罢了，在这方面钻牛角尖只会让自己越走越偏。

二、越磨越好的课

第一次听程老师上《圆明园的毁灭》，觉得这节课程老师备得认真，却比较枯燥。程老师从关于圆明园的四字词入手，让学生找出描写圆明园辉煌的句子，并反复让学生朗读。然后让学生找出描写圆明园毁灭的句子，同样让学生反复地朗读。形式是单一的，就是让全班学生齐读，没有点评，也没有示范。最后看拓展资料，看八国联军是怎样抢夺圆明园宝藏的，之后问学生的感受。

整节课我的感觉就是学生自定目标，但是当学生自定的目标不明确时，程老师也没有做出指导。程老师通过文字的出示让学生体会文中的情感，但是圆明园对于很多学生来说是陌生的，淡薄的文字不能点燃他们的情绪，所以学生的情绪没有一点变化，程老师只是为了赶进度而继续进行，没有关注到学生的生成问题。教学方法单一，方法引导不到位，所以学生学得很枯燥。

第二次听程老师上《圆明园的毁灭》，比第一次好多了。程老师从四字词引入，并让学生找出描写圆明园昔日辉煌的句子。然后通过图片，如金碧辉煌的宫殿、众多的奇珍异宝，让学生感受到辉煌。程老师对比了以前有什么、现在没有什么，铺垫情绪，让学生有一种落差感，再让学生说出文中哪些词让自己觉得痛心。最后通过看圆明园被烧毁的视频，让学生说一说自己的感受。

第二次上课，明显地感觉学生目标不明确，在找句子、朗读方面缺少老师的指导。程老师只是让学生读句子，没有引导他们品析，也没有带领他们朗读，教学手段多了一些，但是个人的情感色彩不够，所以导致学生没有太多的变化。

第三次是在报告厅试上的课，经过前两次的上课、评课、改课，这一次又有了很多变化。程老师出示目标，学生齐读。从四字词引入，让学生找出描写圆明园昔日辉煌的句子，独立思考后再小组合作学习。学生朗读找出的句子，程老师根据学生找出的句子进行拓展，用图片丰富学生的思维。在朗读方面，形式还是比较多的，如个人读、同桌读、小组读等。出示"有……也有……"和"没有……也没有……"的对比，铺垫学生的情绪，再让学生找出描写圆明园毁灭的句子，品析"凡是……统统……"的句子。最后通过视频进行语言训练："这场大火烧掉了＿＿＿＿＿＿＿＿＿＿＿。"并让学生说一说自己知道的旧社会的屈辱历史，程老师再问学生有什么想法。

对比第三次课和第一次课，已经发生了翻天覆地的变化。从目标来看，目标的设定还是简单了，没有方法的指导，如"抓关键词句"。从老师的语言来看，程老师用一种平淡无奇的语言进行教学，学生的情绪没有被带动。但是教学中有两处朗读，程老师的语言加入了一些情感色彩，部分学生受到程老师的感染，也朗读得比较好。从方法来看，程老师在学生找句子和朗读方面没有给出任何指导，学生只是找了句子，没有品析，即使有品析也是老师给的，没有体现学生的自主性。朗读的形式很多样，但是学生的三次朗读没有任何变化，程老师也没有关注到，只是按照教案的设定继续进行。从语言训练的角度来看，语文课要有听、说、读、写，这节课只有听、说、读，没有写。在说的方面，程老师试图用视频唤起学生的情感，说出一些不同于书本的体验。但是很遗憾，学生只是从书本上照搬，没有达到老师设想的高度。另外，整节课程老师的主导作用太强，学生只是一群被牵着鼻子走的小羊羔。板书更是奇怪，写了四组关联词和"不可估量"，完全没有体现课文的主线和脉络，没有办法帮助学生总结、理解全文。

几经磨砺，新课终于诞生了。这一次无论是设计还是语言方面，程老师的改变都很大。

从自身的情感来说，程老师融入了很多感情，学生的情绪很快就被调动起来。于漪老师曾经说："老师的语言是需要锤炼的，应该是流畅优美的，能像磁石一样吸引学生的注意力。"在课堂设计方面，有辉煌，有毁灭，还有拓展，结合了小学生的自身实际，比较贴近生活。在朗读指导方面，程老师增加了示范，学生很快就学会了。

但问题还是有的。

从目标上看，课堂伊始，程老师让学生自己回顾这节课的目标，只是说了要熟读课文，有感情地朗读课文，随后就是老师的补充。这究竟是学生自定的目标还是老师强行灌输的目标呢？是不是老师为了要回避学生不能自定目标或者因不能准确回顾上节课的目标而采取的手段呢？而且这节课的目标没有体现本单元的目标——从字词中感受爱国主义精神，目标笼统、不完整。

从朗读指导看，程老师对于学生回答问题后的评价很到位，语言很丰富。但是对于朗读而言，老师只是自己示范朗读，然后让学生读，希望学生能够跟着自己的节奏走。对于学生的朗读却没有丝毫评价，学生读得好还是不好，学生自己也是稀里糊涂的，丈二和尚摸不着头脑。

从拓展来看，程老师通过视频和语言训练，希望能够拓展学生的思维。比如："这场大火烧掉了＿＿＿＿＿＿＿＿＿＿＿＿。"老师想听到烧掉了民族的文物、人的尊严等有感情升华的句子，但是学生只是照着书本上的句子说，没有达到应有的效果。拓展只是简单地停留在了解屈辱历史上，最后一句话带过了"少年强则中国强"。彼时学生已经处于一种下课状态，老师再来说一句这样的话，有些蜻蜓点水，起不到实际作用。所以，这样的拓展和情感培养是不够的。

看着程老师的课从刚开始到最后一天定稿，数易教案，真的很辛苦。想起当年我在李老师的指导下修改教案，自己思考良久写下的教案被李老师修改之后只剩下标点符号还是自己的，其他一切又得从头开始。第二次再看，不满意的地方再修改。几经修改，需要自己不断思量，然后再大量阅读别人的教学反思，过程很辛苦。每一次出文字教案，都如同修炼武功秘籍突破一个关卡，到最后定稿的时候就是武功修炼成功的时候。过程虽然辛苦，但还是有收获的，也是值得的。程老师的磨课比我当年辛苦多了，改一次上一次，再改一次，反反复复四次。玉不琢不成器，课不磨不成优。

三、风趣也是一种才华

整个活动的点评都是由龙华区书香小学的聂细刚校长进行的。聂校长的点评可以称得上是活动的高潮，他的语言生动幽默，场下的教师不自觉发出了笑声。聂校长能把诗词歌赋熟练地展示和运用，用的时候还能根据自己的需要做不同的改变。"腹有诗书气自华"，自己有才华，还懂得运用才华的人，真是了不起。向聂校长致敬！向聂校长学习！

课堂教学中的两个自己

深圳市坪山区坪山中心小学 陈 敏

今天，我参加了坪山区"五段互动式"教师培训活动。这次的活动内容非常丰富，既有深刻的讲座理论，又有精彩的课堂展示，最后以激烈的辩课将活动推向高潮，真是受益匪浅。

在张珂老师《小学语文课堂教学目标设定及达成策略》的讲座中，我明白了教学目标的设置与达成是教学过程中的关键，目标要根据教材的内容和学生的学习兴趣设置，课堂上要围绕目标来突破教学的重点和难点。这学期我刚接手四年级，对中年级的教学不是很理解，不能精确把握重难点。通过大半个学期的探索，结合今天的讲座，我明白了教学目标不宜设置太多，要让学生一课一得。如在教学《颐和园》时，根据第二课时的内容我设置了教学目标，一是学习本课的过渡句，二是感受颐和园的美。在教学过程中，我花了30分钟和学生通过朗读、理解重点词语等方法来感受颐和园的美，只用了10分钟来学习过渡句，并让学生用过渡句介绍自己的学校。整堂课教学内容非常多，时间比较紧迫，最后的过渡句也没有让学生写。由于设置的目标太多，感觉所有的内容都是重点，不会取舍。听了今天的讲座，我明白在以后的教学过程中目标不能贪多，及时有效地通过各种方法突破教学的重点和难点，让学生有所收获，提高学生的语文能力，利用教材教学生基本的语文素养，而不是教教材。

精彩的课堂展示《圆明园的毁灭》，教师和学生一起巧妙地设置了教学目标。在课堂上，学生自主学习，充分体现了学生的主体地位。教师有效利用多媒体，为学生再现了圆明园昔日的辉煌和被毁灭的种种画面，让学生了解时代背景，从而更加容易理解课文的主旨。这都是我们在以后教学中应该多学习的好方法。

精彩的课堂展示为激烈的辩论做铺垫。这让我深深体会到这场辩论不能只看表面，要看里面更深的内涵。其实双方争辩的内容正是我们教学过程中的两个自己。课后我们要时刻提问自己"这节课学生学到了什么""我教给了学生什么"，每天问自己这两个问题，并进行反思。这学期由于对教材不熟悉，所以我将更多的时间用在备课上。在一次与石景章老师的交谈中，他以自身的经验告诉我要经常反思，反思更有利于青年教师的成长。与其埋头苦干，不如停下脚步来反思，思考今天的所得所失，更有利于自己的成长。听了石老师的建议，我开始每天课后写简单的教学反思。比如在《乌塔》的教学过程中，我从题目入手，学生想知道乌塔是个怎么样的人。在教学过程中，我讲明要求，让学生自己去课文中找答案。很多学生只能找到两三个特点，也没有画在书上。课后我进行了反思，觉得应该自己先示范，画出相关句子，然后写下自己的感受，再让学生去找，效果可能会更好。在另一个班，通过我的示范，学生按照这个方法完成，效果比较好。及时反思，让我进步更大、收获更多。

这次活动为我指明了方向，在接下来的教学过程中，我会根据小学各阶段的语文教学认真设定目标，并用各种策略来突破教学的重点和难点，让学生一课一得。同时及时反思，不断提高自己的教学能力。

《丑小鸭》教学实录

执教 深圳市龙岗区龙高（集团）东兴外国语学校 杨翠蔓

【教学目标】

正确、流利、有感情地朗读课文，感受丑小鸭乐观积极的生活态度；通过课文的学习，初步掌握描写小动物外形的方法。

【教学过程】

（一）谈话导入，揭示课题

这篇课文讲了一件什么事情？

师：通过上节课的学习，丑小鸭和天鹅的样子给你留下了什么印象？

（板书丑和美）

师：这节课让我们再次走进课文，一起去看看童话作家安徒生爷爷是怎样描写丑小鸭和天鹅的。

（二）自主学习，合作探究

师：自读课文第二和第七自然段，找出文中描写丑小鸭和天鹅样子的句子，用"——"画出来。

师：把你找到的句子读给同桌听，然后说一说你读后的感受。

（三）学生展示，交流指导

1. 学习描写丑小鸭外形的句子

师：丑小鸭长什么样子？把你找到的句子读一读。同学们，读了这个句子之后你有什么感受？（生：可怜）那你能读出丑小鸭的那种可怜吗？你是怎样读的？

2. 学习描写天鹅外貌的句子（重点指导朗读）

师：天鹅是长什么样子的？谁能把找到的句子读一读？

师（出示课件，指导学生朗读描写天鹅外貌的部分句子）：天鹅那么美，你怎样来读出它的美丽呢？（学生读）通过你的朗读，显得天鹅更美丽了。

3. 总结板书

贴出丑小鸭和天鹅的外形短语。

4. 指导学生读最后一句话（开心、激动、惊喜）

师：丑小鸭出生时因为丑，除了鸭妈妈，谁都欺负它。但它并没有失去信心，最终还是变成了一只＿＿＿＿＿＿＿＿＿＿＿＿＿＿＿＿＿（生：美丽的白天鹅）。当它发现它是一只美丽的天鹅时，它开心地说："＿＿＿＿＿＿＿＿＿＿＿＿＿＿＿＿！"（生：啊，原来我不是一只丑小鸭，是一只美丽的天鹅啊）

5. 提问

师：丑小鸭这时候会想些什么呢？（根据学生回答，板书乐观、积极）

（四）迁移练习

1. 迁移练习——介绍小动物的外形

（1）普通小鸭子的外形。

师（出示另外一只小鸭子图片，让学生介绍）：同学们，丑小鸭出生时因为样子和同类不一样，从而经历了诸多的不幸。一只普通的小鸭子究竟长什么样子呢？大家想不想看一看？（生：毛＿＿＿＿，眼睛＿＿＿＿嘴巴，＿＿＿＿）介绍得真好。

（2）总结学习的方法，迁移介绍小兔子的外形。

师：刚才同学们在介绍的时候能仔细观察小动物，先介绍了小动物皮毛的颜色，再按照一定的顺序介绍小动物各个部位的特点。有些同学还通过大胆想象，给小动物们取了有趣的名字，甚至还能走进动物朋友的内心世界，把小动物的想法和说的话都展示出来。现在来到我们课堂的是哪位动物朋友呢？大家请看！谁能按照我们刚才学习的方法进行介绍呢？（学生介绍）

师：同学们太聪明了，把小兔子介绍得这么可爱，还能给它取了这么好听的名字，显得它更加可爱了。

123

2. 迁移练习二——换情境练习

（1）学习第七自然段（重点指导朗读）。

师：动物是我们人类的好朋友，接下来让我们再来看一看这只美丽的天鹅吧！雪白雪白的羽毛，长长的脖子，美丽极了！你们知道吗，安徒生爷爷在描写天鹅的时候还加了一些情节的描写呢，显得天鹅更加的美丽了。让我们美美地读一读这一段吧！

（2）提高练习（换情境）。

师：我们班的同学很爱看书，在学习中还积累了不少好词佳句。你能用积累过的词语或句子给天鹅换一个情境吗？

师：同学们介绍了当天的天气情况，有的还把当时的感受也写出来了。加上这样的情节描写，天鹅显得更加美丽了。同学们平时热爱阅读，在阅读中不断积累好词佳句，很多同学在我们班《蜜蜂趣事集锦》这本书中还发表了好多篇小作文呢！

3. 迁移练习三——我是小作家（说、写话训练）

（1）小组合作，迁移练习。

师：在日常生活中，同学们去过很多地方游玩，也见到过很多的动物朋友。是什么时候？在哪儿见过？动物朋友都长什么样子？当时又是怎样的一番情景呢？老师这里找了几幅图片，请小组长选择其中的一幅和组员在小组内说一说。小组长根据组员的答案汇总后进行记录，看看哪一个小组把动物朋友写得最可爱。

（2）展示作品，师生评价。

师：你们瞧，刚才这个小组的写话作品怎么样？谁来评一评？

（五）回顾总结，再现目标

师：同学们，通过这节课的学习，我们又积累了一些好词佳句，并运用所积累过的词语对小动物的外形进行描写。有些同学在描写时还给小动物们加了情境描写，显得动物朋友们更讨人喜欢了。希望同学们在课后多读书、多积累词语，相信在不久的将来，我们也可以像安徒生爷爷那样成为一名著名的作家。在日常生活中，我们也许会遇到这样或那样的挫折和困难，我们要像丑小鸭一样，乐观、积极地面对困难。相信在我们的坚持下，美好的愿望定能实现，我们也能变成一只美丽的白天鹅。

从目标的设定与达成看《丑小鸭》

深圳市坪山区坑梓中心小学　边 蓉

教学目标是教学的出发点和归宿，是教师对学生达到的学习成果或最终行为的明确阐述。所以，我想从目标的设定与达成这两个方面来说一说杨老师的这节《丑小鸭》。

一、目标的设定

首先，我认为杨老师这节课的目标设定抓住了语文课程的特点。杨老师这节课将读、说、写三方面相结合，体现了语文课程工具性与人文性的统一。其次，杨老师这节课的目标设定符合学生的心理特征，立足学生发展。《丑小鸭》是人教版二年级下学期第六单元的一篇童话故事，此时的学生即将升入三年级，正处于从写话到写作的过渡时期。杨老师在制定目标时，充分考虑了学生的年龄和年级特点，以"初步掌握描写小动物外形的方法"为教学目标，依托文本，创新地使用文本，培养了学生的写作兴趣和自信心。

二、目标的达成

新课标指出，低年级学生在写话中要乐于运用阅读和生活中学到的词语。本节课中，杨老师通过朗读文本提炼方法、联系生活迁移运用、创设情境梯度递进的方式实现了教学目标，在读写结合中发展了学生的语言能力。

评价语言能否促进目标的达成

深圳市坪山区坑梓中心小学 曾洁琴

关于教师的评价语言，新课标强调要尊重每个学生的感受，以激励为主，捕捉他们身上的闪光点，并及时给予肯定和表扬。通过每一个教学环节，激励学生积极思维、主动探究，以饱满的热情参与学习活动，进而促进学生的发展。

杨老师的这堂课让我们感受到了教师对学生浓浓的爱意和细心的呵护。她的评价语言充满了爱心、充满了信任与尊重，也充满了智慧。

一、杨老师善于运用赏识与鼓励性的评价语言，调动学生学习的积极性、主动性

莎士比亚说："赞赏是照在人心灵上的阳光。"为了让全体学生品尝到学习的快乐和成功的喜悦，杨老师及时地寻找到学生的闪光点，给予热情的鼓励。当学生学习完毕，杨老师评价说："学完之后坐端正，举起手，老师就知道他完成任务了，老师真喜欢这样的孩子。"当学生朗读描写天鹅的句子时，杨老师说："啊，原来带着这样的心情和感受来朗读能让我们感受到这只天鹅那么美丽！"学生在杨老师富有激情的鼓励和赞赏中读得越来越好。这种充满赏识与鼓励性的评价语言，不仅激发了学生表达的欲望，而且培养了学生相信自己、积极向上的品格，充分体现了语文教学的人文性。

二、杨老师善于运用精确而富有指导性的评价语言，给学生以努力的方向

例如，当学生在进行"迁移练习——介绍小兔子外形"时说："眼睛红得发亮，三瓣嘴像奔驰汽车的标志。"多么形象的比喻呀！杨老师抓住这些思维的火花，充满热情地评价学生："真是把小兔子的眼睛写活了！太生动、太

可爱了！"这样的一句评价充分肯定了学生能按照学习的方法介绍小白兔，还充分肯定了他们创造性的思维。教师此时的语言不仅肯定了学生的劳动成果，而且指明了写作的方向，为其他学生的创作带来了信心和动力。

杨老师的评价语言营造出轻松愉快的"教"与"学"的氛围，使每个学生在宽松、愉悦的环境中享受到成功的喜悦，有效促进了教学目标的达成。

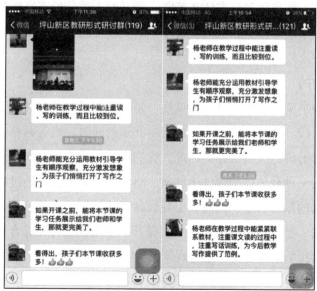

微信讨论群截图（部分）

《小学绘本阅读教学策略研究》课程大纲

课程开发 张 珂 罗建婵 谭俏娟

一、说明

1. 课程性质

本课程属于小学语文教学类专业科目课程。

绘本是文学与艺术的完美融合。在内容上与文化、社会紧密相连，题材广阔；在设计上糅合了文学、诗歌、绘画等多种艺术表现形式，带给人美的熏陶。由此可见，绘本具有综合性、开放性和多元性。

本课程使小学语文教师对绘本的性质和特点有了进一步的认识和了解，提高了教师对绘本的解读能力，在教学中能通过把握绘本语言、图片等内容的特质，找到适合、新型的教学方法和策略，提高绘本教学的丰富性和趣味性，提升教师阅读教学的掌控力，从而促进小学语文教师阅读教学水平和综合能力的发展，推动阅读教学的发展。

2. 教学目的

绘本作为早期阅读的一种重要读物，是通向流畅、独立的文字阅读进程中不可逾越的阶段。然而，在大力推广绘本阅读的同时，也普遍存在一些误区，这使绘本自身的价值大打折扣。因此，我们希望把绘本阅读作为开展学生语文综合性学习的一种载体，引领学生欣赏、感知画面的美，并透过画面和文字感受绘本要传递的精神力量。同时，引导教师正确认识绘本的价值与意义，准确掌握教学方法，整合新型的阅读策略，提升学生阅读能力和综合素养，并以此课程滋养教师和学生的心灵，促进教师和学生的共同发展。

3. 教学内容

《语文课程标准》指出："培养学生广泛的阅读兴趣，扩大阅读面，增加阅读量，提倡少做题、多读书、好读书、读好书、读整本的书，鼓励学生自主选择阅读材料。"根据这一理念，结合法国著名文学史家保罗·亚哲尔的适合儿童阅读的好书的标准，确定绘本阅读课程内容的选择原则：①启发儿童认知的书；②解放儿童心灵的书；③忠于艺术审美的书；④游戏活动操作的书。

本课程帮助教师认识绘本教学中的误区，正确选择绘本，展开新型的阅读教学。包括：①绘本教学的误区；②绘本内容的解读；③绘本教学的策略。

4. 教学时数

6学时。

5. 教学方式与时数

课堂讲授：3学时。

课堂互动教学：3学时。

二、正文

第一章　绘本教学的误区

教学要点：

绘本的概念，绘本教学中出现的误区。

教学时数：

2学时。

教学内容：

解读《语文课程标准》中关于阅读教学的指导，了解绘本的特点、性质、作用，以及绘本在阅读教学中的作用。

举例说明绘本教学中可能出现的误区，给出绘本教学的策略指导，给出不同年级绘本教学的推荐书目。

考核要求：

了解绘本教学的误区。

第二章　绘本内容的解读

教学要点：

绘本解读、分析的角度。

教学时数:

1学时。

教学内容:

绘本是图片和文字相结合的创意作品,其中很多文字、图片都包含着许多的信息。绘本的解读可以从语言文字的魅力、图片的颜色、绘本的主题意义等角度进行,选择适合学生的角度进行教学。绘本教学不应仅停留在故事的讲述上,更要从绘本中拓展听、说、读、写的内容,从而培养学生的语文素养,提升教师的绘本教学能力。

深入解读绘本,结合学生的学情和绘本特点设计出有创意的教学方式。

考核要求:

了解绘本内容的阅读要求。

第三章 绘本教学的策略

教学要点:

绘本阅读教学策略和方法。

教学时数:

3学时,其中2学时为课堂教学观摩及互动评讲。

教学内容:

进行一个教学课例的观摩研讨,学员间互动分析讨论,从课例中提炼出关于绘本教学的创意方法,通过讨论、自悟的方式阐述自己的观点。

考核要求:

课例观摩后提交课堂观察表,准确提出目标达成的具体措施和方法。

三、参考书目及简介

《图画书阅读与经典》,彭懿,二十一世纪出版社,2011年9月。本书对中外经典的绘本进行了推荐和解读,有助于教师对绘本的选择和了解。

《我的图画书论》,(日)松居直,湖南少年儿童出版社,1997年1月。本书分析了绘本对于学生阅读培养的意义,对绘本进行了简要的意义阐述,对于教师进一步了解绘本有实际作用。

《阅读儿童文学的乐趣》,(加)佩里·诺德曼、梅维丝·雷默,少年儿童出版社。本书涉及儿童文学概念和范畴的理解、儿童文学教学活动、儿童文学阅读与接受，提供了儿童文学理论实际应用的案例。

《绘本之力》，（日）河合隼雄、松居直、柳田邦男，贵州人民出版社，2011年8月。本书细数了绘本的神奇之处，道出了绘本阅读带来的可能性，能够给教师提供绘本教学的理论基础和成果预想。

《由图画书爱上阅读》，余耀，北京师范大学出版社，2007年3月。本书介绍了绘本的特质和资源，以及绘本的欣赏方式和怎样利用绘本进行教学和亲子沟通，给教师提供了更多的教学方法。

《疯狂星期二》教学实录

执教　深圳市坪山区坑梓中心小学　黄雅丽

【教学目标】

培养学生的观察能力、想象能力，根据情节合理预测后续故事；

训练学生完整写故事的能力，在写故事的时候有开端、过程和结局；

理解绘本传达的价值观：不怕梦想有多疯狂，只怕我们不愿想。

【教学过程】

板块一：绘本故事圈

（1）展示之前绘本课的阅读成果，如读写绘、读后感等。

（2）师：阅读无字书，我们需要什么能力？（观察力、想象力、表达力）

师：今天，我们将继续阅读大卫·威斯纳的无字书《疯狂星期二》。这节课与以往不同，我们采用师生共读的形式，我会讲一半的内容，另一半需要靠你们的想象帮忙续读。就让我们一起带着这三种能力开始今天的阅读之旅吧。

（3）预测故事情节。

① 封面一般能够提供故事内容的关键信息，出示《疯狂星期二》的封面，思考：这是一个_____的故事。

② 只靠封面提供的信息有些少，再看三张图片，思考：

　A.青蛙们心里在想什么？

板书：观察表情，想象心理活动。

　B.这是一个_____的故事。

（4）讲绘本。

① 故事发生在星期二，准确地说是星期二晚上8时左右。

太阳渐渐隐去后，在天边留下了灿烂的晚霞。沼泽是那么的安静，乌龟趴在沼泽间的木头上，他在享受着最后那一缕阳光的温暖。星星和月亮都升起来了，慵懒的乌龟还是一动不动。

突然乌龟抬起了头，他的眼睛瞪得巨大，无法相信自己所看到的一切。

师：乌龟看到了什么？

②那是一群坐在莲叶上飞翔的青蛙，他们神情严肃地看着前面。

师：你发现了什么？（预设：乌龟都被吓得不轻，他想躲到壳里，但还是忍不住伸出头来看这一情景，连小鱼也抬起了头看着这不可思议的一幕）

板书：动作。（"观察表情"后面）

青蛙们刚开始飞的时候还有一些紧张，慢慢地他们适应了飞翔的感觉，胆子也变大了。青蛙们一会儿侧翻，一会儿端坐，他们集结在一起，向远方飞去。

一群电线杆上的鸟儿因为背光看不见天空的黑点，他们决定以不变应万变。

"噢不，是青蛙。"只见几只青蛙从上面飞过。"哇哇！"吓得鸟儿们展开翅膀夺路而逃。瞧这调皮的家伙，他在做什么？他在想什么？

③青蛙们飞过沼泽、田野，他们正在前往城镇。

11时21分，威斯纳先生来到厨房找吃的。威斯纳先生刚吃下第一口面包就呆住了，那是因为_____。惊恐万分的威斯纳先生大气都不敢出，他只能静静地坐在那里。

（学生观察，说出自己的发现。教师引导：他看到了窗外的青蛙，青蛙在和他招手）

板书：细节。（"观察表情、动作"后面）

① 看到威斯纳先生被吓得面色铁青，青蛙们扬扬得意。可他们没有看到院子里的床单，只听砰砰砰，他们撞到了床单里。面对突如其来的窘迫，青蛙们怎么应对的？

床单被青蛙撞得乱七八糟，青蛙们有了一个更奇妙的想法。

师：什么想法？

⑤看看青蛙们刺激的想法。他们把床单披在了自己的身上，好威风啊！

他们继续往前飞，前面是一所房子。他们有些从一扇开着的窗户飞了进去，有些从壁炉里飞了进去。这是谁的家啊？主人会被吓坏的。

（出示猫的图片）

师：猫怎么了？

原来这是史密斯太太的家。夜已经深了，史密斯太太一个人孤零零地看着电视，看着看着坐在沙发上睡着了。看着老太太，青蛙们决定留下来陪她看电视。

青蛙们都_____。

（教师引导观察：一只青蛙拿起了电视遥控器，用舌头按动按钮。这时候，五颜六色的画面吸引了青蛙们的眼睛）

⑥时间到了凌晨4时38分。此时，青蛙从高空飞到了地面。

师：他们会遇到谁？认真看画面，把你看到的画面讲给我们听。（看绘本，学生自己讲）

板书：情节。（"想象心理活动"后面）

⑦黑夜总有消失的时候，太阳光渐渐地从云层中透了出来。只听"啊"的一声，怎么回事？莲叶要落下来了。这几只青蛙赶紧抓住莲叶，可莲叶就像纸一样，飘飘摇摇地落下来。

落到地上的青蛙纷纷跳回了池塘。于是我们看到在通往池塘的小道上，满是一蹦一跳的青蛙。

师：瞧，回到池塘的青蛙正在这里撑着脑袋呢，他在想什么？

板书：合理。（"想象心理活动、情节"后面）

⑧当青蛙们跳回池塘时，小镇有什么景象？

师：狗在想什么？警察在干吗？作为一名警察，他在思考什么？先生会对记者说什么？如果你是先生，你说了这句话，记者会有什么反应？那只猫在看什么？

这个小镇现在非常非常混乱，没有人不知道昨天晚上发生了一次美妙的飞翔。

这是一个星期二，是一个疯狂的星期二。

板块二：绘本读写圈

（1）师：继续看绘本最后两页。（过渡：下一个星期二还是疯狂的星期二吗？）

师：另一个星期二晚上7时58分，农场里一阵喧闹，发生了什么事？（生：猪飞起来了）

师：猪飞起来后，他们会做什么事情呢？

（2）师：下下个星期二会发生什么事？

教师引导：发生的这一切是不可思议的、疯狂的。

板书：疯狂。

（3）师：为什么青蛙、猪会飞？

教师引导：青蛙每天生活在水里，他在想能不能有一天像鸟一样，能够飞起来。

（4）师：无论梦想有多么疯狂，只要我们敢想，只要我们敢去做，梦想总有实现的一天。看，他们就实现了常人无法想象的梦想。

板书：梦想。

出示盲人足球队视频。

师：盲人无法看清世界真实的样子，走路都需要用导盲杖。但这群盲人足球运动员竟然能在国际绿茵场上踢足球，干净利落地过了人墙，来了一脚漂亮的射门，他们是多么了不起啊。

师：他们的梦想是疯狂的，他们也为此付出了常人无法想象的努力。但无论怎么样，只要我们敢想敢做，梦想总有一天会实现的。

（5）作业：展开丰富的想象，思考下个星期二将会发生什么事。

师：下一节绘本课，我们将会开展故事会，展示你的创意。

展示形式：纸盒故事会、小组合作表演、故事小书、连环画……

绘本教学到底要达成什么目标

深圳市坪山区坑梓中心小学　陈　燕

　　教学的出发点和归宿，是教师对学生达到的学习成果或最终行为的明确阐述。我的观察角度是这堂课的教学目标，主要从教学目标的设定与达成去谈。

　　本节绘本课，黄老师的教学目标：①培养学生的观察能力；②训练学生写完整故事的能力；③理解绘本传达的价值观，即不怕梦想有多疯狂，只怕我们不愿想。

一、目标的设定

　　首先，我认为黄老师这节课的目标设定抓住了绘本的特点。这是一本无字书，全部由画面来表达某个疯狂的星期二。暮光与晨曦的交错、瑰丽明艳的画面、天马行空的场景，引领学生进入到一个比梦境更奇特、比魔法更奇妙的幻想世界，不需要多余的文字，让学生充分地自由想象。所以，黄老师的目标定位是准确的、到位的，培养了学生的观察力、想象力、表达力和创造力。

二、目标的达成

　　为了完成设定的三个目标，她安排了两个板块的教学。

1. 绘本故事圈

　　这里有四个环节。

　　首先，她展示了学生绘本课的阅读成果。从成果中我们可以看到，学生的想象是多么丰富、多么奇特。这也是一种肯定，激励学生发挥他们的创造力。

　　其次是阅读无字书所需要的能力，即观察力、想象力和表达力。目标非常明确，让学生说一说从什么角度观察，使得观察的结果更有针对性。

　　再次，预测故事情节。通过让学生观察封面，猜测故事的情节，设置悬念，激发学生阅读的兴趣。

最后是讲绘本。我认为最精彩的部分正是此处。黄老师运用幽默生动的语言，一步步引导学生观察发现。黄老师重视学生读图能力和想象能力的培养，选择最富想象、最动人的画面引导学生细细观察画面中的形象、色彩、细节等，感受画面所流露的情感。黄老师的评价语言更有深意，既是对学生的肯定，又是学法的指导。比如"你是从什么位置发现的""他会对比联想了""他有完整的故事感"，等等。俗话说："授人以鱼不如授人以渔。"有了方法的指导，学生懂得可以从不同的角度去观察，从而观察得更到位。课堂气氛融洽，洋溢着笑声，师生之间教学相长，其乐融融。

2. 绘本读写圈

通过读写结合发展学生的语言运用能力。紧扣教学目标，根据情节合理预测后续故事："在下个星期二晚上7时58分，农场里又一阵喧闹，发生了什么事情？猪飞起来了！"这个环节的设计激发了学生说的欲望，想象的翅膀在他们头脑中飞翔，然后黄老师让学生畅所欲言。第二个环节是进一步想象："下下个星期二又会发生什么事？什么不可思议的、疯狂的故事？"这一次的推波助澜更激发了学生想表达的欲望，于是天马行空，任我驰骋。第三个环节是感悟内涵。这是一本无字的绘本，画面不再是文字的附庸，而是图书的生命。学生在和老师共读的过程中，自然而然地明白了文中的内涵——每个人都有会飞的梦想。教是为了不教，这种自然的、水到渠成的感悟是最精彩的。第四个环节是观看视频。这是一段盲人足球队视频，黄老师联系生活实际让学生进一步懂得有了梦想还不行，还要勇于实践。这也是绘本的价值和魅力："它没有一句教条，却能满足孩子的成长需要；没有一丝说理，却能启发孩子深入思考；没有一点儿喧闹，却能激起孩子会心大笑。"第五个环节是作业。展示形式，如纸盒故事会、小组合作表演、故事小书、连环画，等等。

从黄老师的课堂中我们可以看到，黄老师用幽默风趣的语言讲述故事，把快乐、喜悦、有趣的故事传递给学生。学生在老师的引导下张开想象的翅膀，兴趣高涨，开怀大笑，同时在轻松愉快中感悟主题。所以说，黄老师的这节课是扎实的、有效的，目标的设定与达成是明确的。

《鼠小弟的小背心》教学实录

执教　深圳市坪山区坑梓中心小学　李伟伶

【教学目标】

在倾听、观察、想象中体验阅读绘本的乐趣；

引导学生大胆想象，激发想象力。

【教学准备】

课件、动物贴。

【教学过程】

1. 鼠小弟怎么了

师：同学们，又到了我们的故事时间了。你们喜欢猜谜语吗？我们来猜猜这个谜语：两撇小胡子，油嘴小牙齿，贼头又贼脑，喜欢偷油吃。（生：老鼠）你们日常生活中看到的老鼠给你留下了怎样的印象？（请2学生回答）（生：老鼠脏）看来你是个爱干净的孩子。（生：老鼠偷东西）习惯真不好，真是老鼠过街，人人喊打！

师：今天老师带给大家的这个绘本故事就跟老鼠有关，而且会让你们改变对老鼠的看法。他还有一个很可爱的名字，叫鼠小弟。你们看，鼠小弟的身上穿着什么？（生：小背心）这是一件什么样的小背心呀？（生：红色、漂亮、大小合适）鼠小弟穿着这件好看的小背心会发生什么故事呢？今天我们就一起来读这个故事，叫《鼠小弟的小背心》。（贴课题）在读绘本之前，我们要先看封面和扉页，你从封面和扉页中读出什么信息？（请2学生回答）看来同学们平常都养成了很好的读书习惯。故事开始了。

师：这件小背心呀，是鼠小弟的妈妈给他织的，穿在鼠小弟的身上不大也不小，正合适呢！

师：鼠小弟穿着这件漂亮的背心会去干什么？（生：去吃饭，想让吃饭的客人都瞧瞧他的新背心呢；到外面去玩，想让大家都看看他的新背心；交新朋友，穿着这么漂亮的小背心肯定能交到新朋友……）

师：总之，穿着这么漂亮的背心就是不能在家里待着，是不是？他要出去呀，要让更多的朋友看到他穿新衣服的样子，鼠小弟就这样穿着新背心开心地出门了。

师（出示结尾图片和上张图对比）：咦？刚刚鼠小弟还这么开心、这么神气，现在他怎么了？你们看他的小背心现在变得怎么样啦？（生：又大又长）

师：小背心怎么会变成这个样子呢？同学们你们来猜一猜。（请2学生回答）

2. 变大的小背心

师：大家猜得都很有道理。漂亮的小背心怎么会变得又大又长呢？你们想知道吗？我们就带着这个疑问来读故事。鼠小弟穿着妈妈织的小背心开开心心地出门去了，他一路蹦蹦跳跳，开心地哼着歌儿。（出示PPT）这时，小鸭子从他的对面走了过来，一眼就看到了鼠小弟的这件红背心，顿时眼前一亮，他会对鼠小弟说什么呢？（请2学生回答）

师：你真是一只很有眼光的小鸭子，鼠小弟听你这么一夸，觉得更神气了。是啊，这件小背心真是太漂亮了，让原本灰溜溜的鼠小弟也变得光彩照人。小鸭子看了看自己的身上，唉！什么都没有。这个时候，小鸭子心里会怎么想呢？（生：要是我也有这样一件小背心多好呀！）

师：于是，他对鼠小弟说："＿＿＿＿＿＿＿＿＿＿？"（生：小背心真漂亮，让我穿穿好吗）

师：再看看小鸭子的动作，你觉得小鸭子是怎么说这句话的呢？（请2学生读）

师：如果你是鼠小弟，你会答应吗？为什么？（生：不借）妈妈织的特别宝贝呢！（生：借）你是一个会与别人分享东西的好孩子。

师：同学们都有自己的想法，我们来看看鼠小弟是怎么说的。鼠小弟爽快地点了点头说："嗯！"他同意把小背心借给小鸭子，于是就把小背心脱下来给小鸭子，自己走了。看，鼠小弟真善良，懂得将好东西和别人一起分享。

师：就这样，小鸭子穿上了鼠小弟的小背心。（贴鸭图）同学们，你们觉得小鸭子穿上这件背心怎么样？和鼠小弟一样漂亮吗？（请同学回答）对，小鸭子都快喘不过气了。不过虽然有点紧，可是小鸭子还是觉得很高兴。小鸭子说："_____。"（学生齐读：有点紧，不过还挺好看的）你觉得小鸭子是怎么说这句话的呢？（请同学回答）

师：看到小鸭子穿上小背心这么高兴，鼠小弟也觉得_____。（生：很高兴）于是，这份快乐就随着这件小背心传到了小鸭子的身上。现在小鸭子多高兴呀，他觉得自己更神气了，他也想穿着这件小背心让更多的人看看呢！就在这时，来了一只小猴子。你们仔细看看，小猴子跟小鸭子说了些什么呢？小鸭子又是怎么回答的？（生：很爽快地答应了）

师：小猴子也如愿以偿穿上了小背心。（贴猴图）小猴子穿上小背心后，他觉得怎么样？（引导学生通过观察小猴子的表情、体态，了解小猴子穿着这么小的背心很难受）虽然小猴子觉得穿着这件小背心很难受，但他还是说："虽然有点紧，不过还挺好看的。"

师：小猴子跟鼠小弟、小鸭子一样，也想穿着小背心到处走走、炫耀炫耀呢！他会遇到谁呢？又会发生什么事呢？（请学生随机回答）

师：你们的想象力真丰富，和作者一样，但你们比作者想到的还要多，作者只想到了4种动物。

师：老师把后面出场的小动物们都请来了，（贴小动物卡片）你们来给他们排排队，猜猜小动物们穿小背心的顺序。（请学生排）为什么要这样排列顺序呢？（生：动物的体型一个比一个大，小背心才会被越撑越大）顺序排出来了，那他们之间又会说些什么呢？这是小动物们相遇的三个场景，老师想让你和同桌选择你们喜欢的一幅场景来扮演，扮演前老师要给你们一点小建议。（PPT出示剩下的对话图，同桌之间角色扮演，教师巡视指导，再请三组上台表演）

师：老师原本还想把他们的对话打出来，我看现在不必了！你们都比作者更厉害，把作者想说的话都说完了。

师：就这样，这件小背心一个传一个，穿在身上的动物都觉得虽然有点紧，可还是很好看，他们个个因为这件小背心得到了快乐。可没想到的是，来的动物一个比一个大，小背心也被越撑越大，最后穿到了大象的身上。鼠小弟还没看到这一幕，要是看到了会怎么样？对，这一幕真的发生了。（出示图片）

师：当鼠小弟拿回背心以后，背心早已变得又大又长，他只好穿上变了形的小背心，流着眼泪走了。你们猜猜鼠小弟后不后悔把小背心借给小鸭子？（引导学生说出分享快乐，随即板书）老师就喜欢你这样懂事乖巧，懂得分享才会把快乐传递给别人的小朋友，希望今后同学们都能学会分享。

3. 再次快乐的鼠小弟

师：同学们，此时的鼠小弟还处于伤心之中，这件小背心恐怕不能再穿了，你能用你的想象帮鼠小弟重获快乐吗？请你们用画的形式来表现。（播放音乐，开始画）

展示学生的画作，让他们描述画中的故事。

师：看了大家的作品，老师觉得鼠小弟是幸福的，你们帮他变得开心快乐，大象也将小背心变成秋千让鼠小弟重获快乐。最后，希望咱们班的小画家、故事大王和创作能手课后将没有画完、写完的作品完成。

师：其实关于鼠小弟的故事还有很多很多呢，老师再给大家介绍几本书，同学们可以课后去看。现在咱们就要暂时和鼠小弟说再见了，让我们先和他说声再见吧！

有效引导是绘本教学的一大策略

深圳市坪山区坑梓中心小学 范一茜

一、教师是学习活动的组织者和引导者，是学生学习的促进者

《语文课程标准》指出，教师是学习活动的组织者和引导者，是学生学习的促进者。绘本故事的内容往往是简单而又重复的，虽然是重复的内容，李老师却用了多样的方式来诠释。通过猜谜语介绍故事的主人公；通过提问"鼠小弟准备去干什么""鼠小弟怎么了"设置悬念，埋下伏笔；通过角色表演，让学生亲身体验和感受；通过"排排队"，让学生动脑、动手，衔接故事情节；通过"画一画"，让学生用画笔帮助鼠小弟重获快乐……这些方式深得学生喜爱。在一次次的悬念中，学生的胃口被吊了起来；在一次次的对答中，学生的语言得到了锻炼；在一次次的猜想中，学生的思维得到了发展！

二、教师应引导学生钻研文本

《语文课程标准》认为，阅读是学生的个性化行为，教师应引导学生钻研文本，在积极主动的思维和情感活动中加深理解和体验，有所感悟和思考，受到情感熏陶，获得思想启迪，享受审美乐趣。当李老师提问"鼠小弟愿不愿意把小背心借给小鸭子"时，虽然有些学生的回答与故事情节的设计有出入，但李老师并没有给予否定，反而夸他有创意。当李老师在课件上出示"小猴子还会遇见谁"时，学生纷纷说出很多动物，李老师立即夸奖他们："哇！你们的想象力真丰富，比作者还会想！"当最后出现鼠小弟垂头丧气地穿着松松垮垮的小背心的画面时，李老师问学生："鼠小弟后悔把小背心借给小鸭子了吗？"有的学生认为他会后悔，因为他心爱的小背心被其他动物穿了之后变形了。虽然这个回答并不是老师想要的，但李老师同样予以了肯定。有的学生认

为他不会后悔，因为分享也是一件快乐的事情。李老师则乘机引导学生对绘本故事的主题进行了升华："我们在生活中也要懂得把快乐分享给别人！"从这些细节可以看出，李老师很珍视学生独特的感受、体验和理解。学生也很享受其中的过程，并在老师的引导下受到了情感熏陶，获得了思想启迪。

三、新课改提倡转变教与学的方式，教师应教给学生学习的方法

在这节课上，李老师经常提醒学生观察书中动物的表情和动作，再进行想象。在学生进行角色扮演时，李老师也给出了扮演的小建议：①模仿动作、表情；②想象说话。这些都是学习方法的提示与渗透，也是李老师引导的体现！

四、建议

若在学生提出分享快乐时，李老师能让学生联系自己的生活实际来谈谈对于"把快乐分享给别人"的感受和理解，将更有助于提高学生的感悟，能让学生更好地理解文本，还能超越文本、回归现实！如果李老师在提问的技巧和评价的语言方面再提炼一下会更好！

学生的参与度是绘本教学的重要评价标准

深圳市坪山区坑梓中心小学　李月云

一、整节课中，学生的学习活动体现了平等民主的师生关系

学生既欣赏了有趣的绘本故事，还锻炼了能力，并在此过程中产生了良好的、积极的情感体验。学生在同桌合作编对话的环节中表现得异常精彩，动作、神情和语言的表达都很到位，学生自己也乐在其中。另外，学生的回答符合儿童的天性，童真童趣的回答不禁让人会心一笑。由此可见，课堂是真实的、愉快的。

二、纵观李老师的整节课，充分体现了学生的主体地位

《语文课程标准》明确指出："学生是学习的主人，学生是课堂的主体，教师是学习活动的组织者、引导者和合作者。"不管是学生在李老师的引导下猜想故事中的内容以及发展，还是给相遇的动物"排排队"并组织同桌合作扮演动物角色编对话，或是"用画笔帮助鼠小弟重获快乐"等环节，都体现了学生在积极、主动地学习，既有个人的自主学习，又有同桌的合作学习，形式灵活多样。结合绘本文字和图画并重的特点，让学生通过画画的方式"帮助鼠小弟重获快乐"，将绘画这一艺术要素引入课堂。课堂变得更好玩了，学生自然也更喜欢这样的课堂。

三、课堂教学应着力于发展学生的能力，促进学生提升语文素养

语文教学要注重培养学生听、说、读、写的能力，绘本教学也承载了这一功能。李老师引导学生说出小鸭子、小猴子穿上红背心时的感受，让同桌合作

扮演角色编对话，让学生用画笔帮鼠小弟重获快乐创编故事等，都是在有意识、有层次地引导学生进行说话的练习。从学生的回答中，我们也听到了众多精彩的表述。

如果一定要让鸡蛋里挑骨头的话，我觉得需要改进的是学生的回答拖音比较严重，应该在学生朗读上加强引导，指导学生用正确的语气、语速进行表达。

下 篇

引 领

徜徉在诗意的秋天

——2016期省级教师跟岗学习总结

韶关市武江区重阳学校 周卫平

十月的深圳，美丽的勒杜鹃仍满街盛放着，远处望去，像一簇簇绿的瀑布，上面飞溅着点点或粉色、或白色、或紫红的水点。在这样美的秋天里，我们一行人来到这样美的深圳，跟着同样美的导师，开始了一段别样的学习旅程。这是生命中难得的体验，我们都特别珍惜这段跟着深圳坪山区坑梓中心小学张珂名工作室学习的时光。我们在耳濡目染中感受着导师的教导，他们学识渊博，剖析教材、点评课堂中肯独到，给我们开启了不一样的教学视角；他们办事干练高效，管理协调有条不紊，为我们安排了多样的研修活动，丰富了我们的体验；他们为人处世豁达热情，心里永远记挂着身边每一个人的善良细心……所有这一切，让我们满怀着感恩，徜徉在这个秋天诗意、美好的旅途中。

一、先进的办学理念和独特的校园文化

在坑梓中心小学，张珂、杨翠蔓、谭俏娟等多位老师的课堂让我耳目一新，让我对"以爱营造幸福生态"的教育理念和教育教学模式有了新的认识。在课堂上，我见识了坑梓中心小学的学生特点：思维活跃、个性鲜明、知识面广、善于交流；在课堂上，教师给学生充足的空间，让学生自主交流、展示成果、互相质疑，真正意义上实现了把课堂还给学生，把学习的权利还给学生。课堂是学生的，他们学得非常快乐、非常自信！教师做的，只是给学生搭建交流展示、充分表现的平台；只是适机地点拨引导；只是教给学生学习的方法，让学生在思维碰撞中不断地生成；只是引发学生更广泛的阅读。这就是"培养幸福的现代城市人"的育人目标，也正是我们每一位教师所应该追求的理想的、有效的课堂教学。

二、尊重个性和谐美

如果说文本的美构筑了灵魂的安居地，那么把课堂还给学生，则让学生真正成为这里的主人。思想的自由必将带来思想的飞跃，尊重个性发展必将带来诗意课堂的和谐美。

跟岗学习期间，我聆听一节节示范课，一次次感受到教师从不同角度力图最大可能地给学生充分的思考空间，对学生的尊重营造了课堂的和谐美。这一节节示范课就像一幅幅美丽的画面，形成了一道和谐的、美的长廊。

真正做到把课堂还给学生这一点，教师必然充分尊重学生。首先要重视课前教学设计，在充分了解学情的基础上建立合理的设计结构和弹性化的方案。教学设计既是一份教案，更是一份学案。课堂上，教师注意倾听，注意力时刻放在学生身上，认真地听学生讲、听学生争论、听学生评价，并适时地给予点拨和点评，不吝啬对学生的表扬。通过课堂上对学生及时正面的评价，融洽了师生关系，活跃了课堂氛围，激发了创作热情，对学生的学习质量和能力养成起着十分明显的促进作用。这样的课堂，带给学生和听课的教师以发展个性与倡导尊重的和谐美。

从导师们的示范课上我更直观地感受到，课堂上要培养学生的个性、尊重学生的人格、给学生质疑的权利，课堂设计就要体现和考虑学生的差异、鼓励学生思维的发散、鼓励学生各抒己见来阐明自己的观点。只有如此，学生的思维才能变得越来越开阔、多元、敏捷。教师的"教"与学生的"学"是有机的整体，二者始终是统一的、平等的。只有师生之间互相尊重，学生在亲情般和朋友般的气氛中学习，人格才能够健全地发展，思想才能变得大气成熟。

三、先进的教学理念

跟岗期间，我们先后观摩了张珂、朱敏、张其龙、罗建婵、谭俏娟、黄雅丽等多位老师的课堂教学，领略了他们幽默风趣的教育风格和先进的教育理论，受益良多。在评课过程中，大家踊跃发言，妙语连珠，充分挖掘课堂的优点，也能正视教学的不足，有时甚至对教学的问题展开热烈的讨论。让我不只学到了知识，更加学到各位教师优秀的品质和对教学认真的态度。对我们这些一线教师来说，每个人心里都有一个"好课标准"，但或多或少都是不够全面的、粗糙的，间或带有一些主观的思想。通过对多节课例的观摩和大家的讨论交流，并听取了导师的点评、指导，我对"好课"的理解和认识达到了一个较深的层次。

同时，我们也聆听了余凡金、袁晓峰等多位专家的讲座。在讲座中，专家们富有启迪的话语、令人耳目一新的见解、精彩的演讲、生动的举证、全新的理念，无不使我震撼。专家们的学识、儒雅无不使我敬畏，他们引领我对语文教学改革进入了更深层次的思考，深感自己的灵魂在净化、视野在敞亮，内心更走向了澄明，给我的教育教学生涯注入了充满活力的血液。

学习、观摩了导师们的课后，我抱着学习的心态，不怕班门弄斧，根据指导教师的指导方法上了一节汇报课。这节课的课题是《不用嗓子的歌手》。我将学到的方法运用到教学中，虽不及侯老师的驾轻就熟，但我感觉自己的教学方法有了一定的改进。运用不同的教学方法，综合自己平时的教学所得，确实有所不同。我的感受：①学生上课的激情更容易被调动；②教学结构略微改动，特别是对重点语段的读，能够直接地提高学生的阅读能力和思维能力；③语文重在读，要通过不同形式的读让学生掌握读的技巧；④教师的基本功在教学中极为重要，一手漂亮的粉笔字、一口标准的普通话，包括教师上课的表情、教态及遇到突发提问随机应变的能力等，都是教师必须具备的，能够对学生起到潜移默化的作用。

学习时间虽短，但收获不小。在学习中，我悟出怎样教好学生、怎样适应当今教学改革的步伐，这是摆在我面前的课题。回去以后，我要借用他人的先进经验不断改进自己的教法，为学生服务，为人民的教育事业做出自己的努力。

悠然见坪山

——记坪山区坑梓中心小学跟岗学习

韶关市曲江区余靖小学　徐锦英

　　我参加过各级、各类、各部门举办的各种学习培训活动，从来没有参加过如此轻松自在的培训。本次培训并非没有任务、没有要求，而是在明确要求任务后，给了我们自主学习的空间，让我们在繁重的听课后有充足的放松身心的时间。在校园的生态园里，在课堂的常态教学中，在教师的阳光情态中，在师生相处的和谐关系中，我感受到了悠然自得的真意。

　　正如工作室主持人张珂老师所说："优秀的'优'应该是悠然的'悠'。"确实，"悠然自在，自得其乐"比优秀更重要，做教师能做到悠闲，那是一种超然物外的心境。看他的课堂，目标简单明了，训练扎实有效，师生关系民主和谐，课堂氛围轻松愉快。教师关注全体，重视培养学生的学习习惯与能力；学生积极主动，参与学习的面广，学习习惯与能力得到不同程度的提高。再看他的课间，被学生拥围着、偎依着、笑着、说着，而他一副陶醉享受的样子，我又一次感受到了做教师的幸福。

　　李镇西老师说："幸福远比优秀更重要。"他用一种特立独行的方式讲述着一个个平常的教育故事，给我们以启示，给我们以希望的指引。坑梓中心小学的教师就是在李老师、张老师这样标杆人物的引领下做一个追梦人，朝着幸福的方向前进。就语文教学而言，"自为"课堂模式已发展成熟，课堂上自主学习、合作探究、互动交流的做法已娴熟自如。在统一理念方针的指导下，教师、学生都是独立的生命个体，每个生命都有其独特性和创造性，他们发挥各自的特长，各显身手，自创特色。每个班都有一个属于自己的班名，每个学生都有一项兴趣爱好，每位教师也有自己的教学风格，学校一片百花齐放、生机盎然的景象。

　　对比深圳这个大都市，这里少了繁华与喧闹，抬眼可见蓝天白云、树木花草、蔬菜瓜果、蜜蜂蝴蝶。山气日夕佳，飞鸟相与还。此中的真意不能一一赘言，但愿未来前行的路上始终有悠然的幸福相伴。

语文就是生活

——省级教师跟岗学习总结

河源市和平县上陵镇中心小学　吴思晴

一、省级教师跟岗学习心得体会一

我来到深圳市坑梓中心小学，开始了为期14天的跟岗学习。深圳市坑梓中心小学制订了详细的培训计划，结合生活各个方面的点点滴滴，有条不紊地进行各项培训活动，得到了培训学员的一致好评。

跟岗培训学习期间恰逢该校办学水平评估，我们在这里与许多名师、专家接触交流，聆听了叶新强校长介绍学校的办学理念与特色，听了余凡金主任《教师的成长之路》的专题讲座，也听了朱敏、张珂、罗建婵等老师的课，还观摩了学校开展的第二课堂教学活动。我感受到他们"以爱营造幸福生态"的教育理念不折不扣地付诸实施，而且获得成功，让我大开眼界，受益良多。

在跟岗学习中，我感受到先进的教育教学理念和名师的成功经验，提升了自身的教育教学水平。在导师的带领和指导下，我们的跟岗学习内容丰富、形式多样。这次的跟岗培训学习让我对教学理念有了更加深刻的理解，教学能力得到新的提升，通过学习收获颇丰，感触良多。

朱敏老师的口语交际课《秋天的快乐》构建了民主平等的课堂氛围，学生在轻松开放、平等对话的课堂氛围中张扬个性，尝试运用学到的表达方法积极参与讨论，流露真情实感。学生只有不拘束才能打开思路，才能充分得到口语训练，写作才会言之有物。这样做有助于真情流露，写出真情实感，利用学生心目中有趣的细节描写凸显秋天使人快乐的一面。全员参与，实实在在。课堂上尽可能地使每个学生都积极参与，人人得到锻炼的机会，让每个学生都动起来。要求口述的一定要人人练说，或同桌互说，或指名说，或小组交流，或

153

全班交流，扩大口语交际的"面"与"量"。适合交际的，更要体现双向互动的特点，鼓励学生积极参加口语交流实践，提高训练效果。但是要注意，课堂上学生主体与教师主导相结合，在学生实践的过程中渗透表达方法和技巧的指导，使学生的表达能力得到提高。

本次培训，我看到了众多教师身上的闪光点，同时发现了自身视野之局限，犹如井底之蛙。但这次培训让我明白了今后前进的目标，学以致用，我将在这里学到的新知识尽快内化为自己的知识，运用到教育教学的过程中去，努力学习同行们的学习态度、求知精神、协助能力，加强学习，让跟岗学习的成果在教育教学中发光。

二、省级教师跟岗学习心得体会二

10月27日，我有幸聆听了张珂老师的作文指导课，可谓受益匪浅、感慨颇深。作文之本就是生活——"问渠那得清如许？为有源头活水来"。学生的题材来源于生活，只有当学生充分感悟生活，随时留意身边的所见所闻，才会有所思所感，才能写出优秀的作文；只有当学生的生活素材丰富了，有了可写的内容，才不怕写作文。

1. 教师善于为学生创造自由的感悟空间

在平时的教学中，教师要立足于学生的生活实际，引导学生做生活中的有心人，引导学生观察生活、思考生活，从细节中发掘生活的乐趣和美好。在这一过程中，教师要成为生活的有心人，在观察生活的基础上不失时机地开发生活资源，设计即兴练笔。如张老师这节课有目的地设计了游戏方式的导入，为学生直观地提供了写作素材，引导学生写身边的生活，指导学生通过实践去观察、感受，把自己的所见所闻和真挚感情用真切朴实的语言表达出来，激发了学生表达感受生活的愿望，培养了学生的写作能力。由此，我体会到作文教学源于生活、在于求真，用自己的笔说自己的话。教师则创造条件开阔活动空间，让学生在自由中获得真切感受，感之于外、受之于心、表之于言。

2. 培养观察能力，从身边的小事做起

写作文首先要有内容，观察和思维是打开作文内容宝库的金钥匙。没有观察事物和分析事物的能力，也就不可能有组织写作的能力。因此，培养学生的观察能力有助于学生养成良好的观察习惯，为积累作文材料打下坚实的基础。

如张老师在课上有意让学生动手操作，用左手剪下纸上的圆圈，为学生们提供了动手操作和观察的素材，有效引导学生通过实践去感受身边的不良习惯。此时再让学生动笔去写，学生一定胸有成竹，从而改变了作文入手难的看法。

3.练笔是写好作文的关键

张老师为了更进一步使学生达到"我口写我心"的效果，让学生小组讨论自己身边生活中的不良习惯，然后用自己所学的语言分享身边生活中不良习惯的故事。有了鲜活的生活、真实的情感，学生自然就不会无话可说了。因此，我们要有意识地培养学生观察生活的习惯，鼓励学生多读书、读好书、好读书，在写作中尝试运用语言材料记录自己的真情实感。同时，要给学生有效的引导，不断加强自身的语文修养，做到"不动笔墨不读书"，让自己成为一条涓涓细流，保证为学生提供鲜活的生活源泉。

三、省级教师跟岗学习心得体会三

绘本《疯狂星期二》是一本无字书，这本书的每一幅画都充满了"疯狂"、"不可思议"和"新奇"。这是一个奇幻的世界，是一个疯狂的世界，是一个颠覆常规的世界。就是这样一个故事，成年人在阅读中都会忍俊不禁，何况学生？当然，这本书更适合高年级的学生来阅读，他们已经有了一定的阅读经验，能够关注细节语言表达的能力，更能够在老师的引领下读懂绘本。

听了坑梓中心小学黄雅丽老师的绘本课，我有一些想法。

《疯狂星期二》是一个充满刺激的故事。任何一本无字书，每一幅画面都会引发学生无限的遐想。每个人的视角不同，原有的知识经验不同，理解水平不等，对于感受画面所传递的信息自然不同。黄老师的教学环节紧扣教学目标，准确把握学生的观察力和想象力。绘本教学不仅仅是在讲一个故事，还要培养学生的观察力、想象力和表达能力，不剥夺学生发现的乐趣，不要先入为主，要用反问的形式引导学生关注细节、学会阅读。黄老师的课很好地体现了这一点，轻松、幽默、激励的语言充分调动了学生学习的热情。本节绘本课学生参与度非常高，思维敏捷，善于倾听，并能根据绘本内容从不同角度发表自己的观点。

在对授课教师的赞叹、称颂之余，我更多的还是深深的思考：这些老师的课为什么会有如此的魅力呢？这与他们平时的努力和积累是分不开的。在以后的教学中，我将博采众长，积淀教学素养，逐渐让自己的课堂更加丰富多彩。

四、省级教师跟岗学习心得体会四

听了庄泳程老师的《落花生》后，我感受颇多。其中感受最深的是庄老师的语文课堂，实实在在、扎扎实实，这就是我所追求的语文课堂的境界。

1. 语言文字的训练落到实处

如第一自然段的品读，教师启发学生抓住某个关键词去发现问题。学生抓住"居然"联系上下文，回到文本，让学生发现、感悟收获的喜悦，读出"喜出望外"的心情。再有对"实在很难得"的理解，教师介绍背景、指导朗读，让学生知道理解词语，还可以了解作者、了解写作的时代背景，这样为后文的学习起到铺垫的作用，展示了教师细心、细腻的教学风格。

2. 让学生互相质疑，提出问题

在教学中，庄老师让学生互相质疑，提出问题，引导学生各抒己见，体现了学生的主体地位，促使学生敢于直言，个性得到发展。在引导学生理解"人要做有用的人，不要只做体面的人"的内涵时，让学生走进文本，多角度、多方位地思考和解决问题，由落花生的特点进而阐明做人的道理。

3. 文章不是无情物，文章不是无意言

有人读《落花生》仅理解为对花生的赞美，有人却由此悟出做人的道理。同样一篇文章，不同的人来读，读出的味道不同；同一篇课文，授课角度不同，课堂效果截然不同。《落花生》借物喻理，借由花生交给学生做人的道理。这是我们每一位语文教师教学中的侧重点，但除此之外还有什么呢？庄老师的课堂告诉我们，还可以交给学生学习的方法。《落花生》中，庄老师主要运用比较法引导学生独立阅读、分析课文。"授人以鱼不如授人以渔"，这需要教师的指导，教学生去"渔"。

小学语文教师跟岗学习个人总结

汕头市南澳县宫前小学 陈延芹

2016年10月23日至11月5日，我有幸参加了省教育厅组织的小学农村教师跟岗学习培训，学习的基地是深圳市坪山区坑梓中心小学。在学习期间，我听了张珂、罗建婵、谭俏娟、庄泳程等老师的课，听课节数12节，并且与其他参加培训的教师探讨交流、分享经验，最后我也上了一节汇报课。虽然只有14天的时间，但我受益匪浅。这次跟岗学习让我学到了先进的教育理念，还学习了坪山区坑梓中心小学教师在课堂上如何应用"自为—智慧"的教学模式进行有效的教学，领略了教师风趣的教育教学风格和先进的教育理论，受益良多。这对我以后的工作有指导性的作用，更让我拓宽了专业知识面，提高了认识，转变了观念，改进了教学方法，不断提高自身素质。

一、学习体会和感想

1. 提高自己的师德素养，形成自己的教学风格

在这次培训中，通过向名师学习他们渊博的学识、精湛的教学技艺、超群出众的业绩以及人格魅力，使我认识到提高自身的素质是十分重要的。只有具备了较高的文化素质、道德素质、审美素质、身心素质，才有可能真正培养出社会所需要的合格人才。教师要会教书，还要会育人。教师要运用自身的人格感化学生，培养学生高尚的道德品质和良好的道德情操。为此，教师要树立为人师表的意识，以身立教，时时处处成为学生的表率。所以在今后的学习工作中，我会以名师为榜样，更加严格地要求自己。

为人师表不仅要使自己成为学生的表率，而且还要形成自己的教学风格。在培训中，教授用了"站在讲台上，我就是语文"来说明教学风格对学生的影响非常大。作为一名优秀的教师，必须要有自己的教学风格。良好的教学风格

会对学生产生潜移默化的作用，也会使学生对老师产生敬仰之情。所以，教师形成自己的教学风格是很重要的。但教学风格也不是一时就能实现的，需要教师付出努力，需要长时间的积累。

2. 更新教育理念，"自为—智慧"教学模式的应用

通过跟岗学习，我了解了坪山区坑梓中心小学的发展历史。百年名校正以其无穷魅力快速地发展，特别是"自为—智慧"教学模式全面展开后，坪山区坑梓中心小学的发展得到长足进步。课堂是学生发展的平台。坑梓中心小学课堂的特点是以生命力为课堂核心，注重学生能力的发展，面向全体学生，以和谐有效为基础，强调教师在教学中要充分体现以学定教、先学后教和自学、合作、展示、交流，注重课堂的有效性，优化学生的学习方式。这一教学模式改变了教师教的方式和学生学的方式，激发了学生强烈的学习需要与兴趣，活跃了教学气氛，满足了学生好胜和相互交流的欲望，是一种充满活力的教学模式。学生在课堂上就能解决所学的问题，而教师所提示的问题学生都可以通过信息卡进行反馈。学生通过四人小组讨论模式，可以带动小组成员相互学习、合作学习，共同促进学生的发展。通过这次学习和交流，我们能够进一步了解全面发展学生的教学模式。教师的专业素养要得到发展和提高，一定要善于思考、勇于实践，不断反思和总结。通过这次跟岗学习，我对自己的业务有了更高的要求，要努力达到"站在讲台上，我就是语文"目标。

3. 注重教学反思

反思对教师的成长很重要。在本次跟岗学习过程中，通过听课、评课和写跟岗听课反思以及写自己的体会和收获，总结课堂上的得失，找出课堂上对学生有利的教学和无利之处。在本次培训中，我听取了名师的数十节课堂教学，与各名师的教学风格和教学方法相互对比，培训学员之间的相互讨论和交流，让我从多角度、多层面对课堂上的各种困惑和行为进行理论诠释和深刻反思，让我接触到一些未曾接触到的问题，发现自己与名师的距离很大，需要努力的方向很广，也对自己原有的教学理念和教学方法产生了强烈的冲击。通过这次培训，我觉得自己在今后的教学中要不断反思，找出自己的不足之处，思考如何让学生在轻松的环境中上好每一节课，让学生每一节课都动起来，通过不断反思来提高自己的教学水平和创新能力。

二、今后的改进和发展规划

我将充分利用这次培训学习学到的先进教学理论，结合自己学校的实际情况，整合坪山区坑梓中心小学教师好的教学方法，将其应用到自己的教学中，大胆地在课堂中引进新思路、新方法，解决课堂上的问题。课堂上及时根据情况调整教学环节与教学思路，组织好课堂教学，关注全体学生，注意信息反馈。同时，激发学生的情感，使他们产生愉悦的学习心情，创造良好的课堂学习气氛。课堂上注重启发式和引导式学习，注意培养学生学习的积极性，激发学生参与的主动性，使学生能够主动地学习，形成自主探究的能力。同时也使教师由"教教材转变成用教材"，让学生更好地理解知识和运用知识。为了不断提高自己的专业水平，我虚心向同行学习教学方法，博采众长，提高教学水平。通过本次培训学习，使我"怀着疑惑来，带着激情走"。

教学相长 互助双赢

——省级骨干教师跟岗学习总结

汕头市潮阳区贵屿东洋小学 郭晓玲

2016年10月23日至11月5日，我有幸参加了深圳市坪山区坑梓中心小学的教师跟岗学习。通过这次学习，我受益匪浅，收获良多。

14天的教师跟岗培训即将过去，可是这次跟岗培训却给我留下了深刻的印象。还没开始学习时，坑梓中心小学就已经制订了详细的培训计划，先是考虑了学员们培训学习、日常生活各个方面的点点滴滴，一下子让我们感受到满满的热情和诚意，之后按照计划有条不紊地进行各项培训活动，如听导师课、听专家讲座、参加主题教研、参与工作室活动、上汇报课等。各项培训活动紧张而有序地进行，得到了培训学员的一致好评。

坑梓中心小学，这个我短暂生活学习的地方，已在我脑海中有了深深的印象。这个学校规划超前、环境优美、绿化凸显，人文内涵丰富，学校硬件、软件环境配备非常优越，教师的科研氛围浓厚，素质非常优秀，学生的综合素质也很高。整片校园、整个课程安排、整体教学设计，无一不体现了他们"以爱营造幸福生态环境"的教育理念和"培养幸福的现代城市人"的育人目标。

在这里，我本着"在体验中学习，在学习中感悟"的学习原则，尽情地享受坑梓中心小学的教育资源，与专家、导师接触交流，听叶新强校长的学校办学水平自评报告，听余凡金教研员的《教师的成长之路》和张珂老师《语文教学本真》的讲座，听叶苑珠、朱敏、黄雅丽等老师的课，还观摩了学校的社团活动课、阅读思辨会，且在带队老师的指导下上汇报课，写教学反思、学习总结等。内容丰富、形式多样的跟岗学习让我对教学理念有了更加深刻的理解，教学能力也得到一次新的提升。

在杨翠蔓老师的课上，我知道了原来识字还可以这样教学。她充分相信学生，放手让学生自己识字，互帮互学。在生生互动、师生互动中，学生体验到了学习的快乐。在叶苑珠老师的课上，我领略到课堂语言的艺术美和感染力。叶老师的教学能真正尊重学生的个体锻炼和发展，真令我感动！在张珂老师的课上，我知道了课堂没有约束更能激发学生的求知欲。我喜欢这样亲切又自然的教学活动，没有师生之分，没有优差之界。这种沟通形式的课堂，值得我去学习借鉴。

在听课活动中，我感受到特区学生的独特风采和特区学校的特色教学。课堂气氛活跃，学生在一种轻松愉快的氛围中想说、敢说、乐学、乐做，教师的教学落实了三维目标且富有创意。因此，这里的学生知识面广、表达能力强、积极性很高，综合素质用一个字来概括——棒！

在听课活动中，我深深地感受到当教师不容易，要当受欢迎的教师更不容易。坑梓中心小学的教师都做到了，他们既重视学生综合能力的培养，又能让学生保持极高的学习兴趣。课堂上学生乐学、教师乐教，这让我佩服不已。

在汇报课活动中，学员间也展示了一堂又一堂充满语文韵味的好课。我们团结互助，形成了良好的学习氛围，每一次研讨、交流活动都那么积极真诚，大家在讨论中解决困惑，在交流中得到感悟。同时，我也希望借此次跟岗学习的契机，能够为我校和学员们所在的学校或地区搭建更宽广的交流、学习平台，真正实现"教学相长、互助双赢"。

这次学习我看到了众多教师身上的闪光点，也发现了自身的不足。同时让我确立了今后前进的目标——争取成为一名真正具有引领示范作用的骨干教师，为教育事业的改革与发展贡献自己的一份力量。现在，我与导师们还有着一些差距，以后要不断充实自己，做一个教育事业上的有心人，每天前进一小步，就能成就自己人生的一大步。因此，我迫切想把本次所学灵活运用，进行有效示范教学，从而更好、更直接地服务于学校和学生，也让跟岗学习的成果在教育教学中发光发热。

最后，借此机会，我要真诚地感谢省教育厅举办的这次学习活动，感谢深圳市坪山区坑梓中心小学为我们提供了这样一个进步、提升的学习平台！

学习、实践、反思、成长

——省级教师跟岗学习总结

汕头市潮南区陇田镇田二小学　陈泽珍

我很荣幸参加了2016年广东省农村教师跟岗学习培训，幸运地走进深圳市坪山区坑梓中心小学，来到名师张珂工作室跟岗学习。快乐的时光总显得那么短暂，14天的培训时间一晃就过去了。此刻，我怀着幸福、怀着留恋，回顾14天的学习过程。

我们这些参训教师以跟岗教师的身份深入"跟岗基地学校"进行实践研修，基地学校指派指导教师指导跟岗教师的学习研修活动。在教育教学实际环境中，我们学习、实践、反思、成长。本次培训的内容形式主要有三个方面：①理论学习；②问题研究；③实践锻炼。我们观摩各种课型，观看教学录像，参与评课与撰写反思，参加各种讲座，与学员们共同切磋教学方法，并就教育教学、课题等内容进行交流，这些活动让我深深感受到各位导师深厚的专业素养。工作室主持人张珂老师不只学识渊博、教育教学水平高，为人也很热情。我们跟岗教师每天听课，参与学校的日常教育教学研究活动，收获颇多，现从以下几个方面进行总结。

一、课堂教学

随着知识经济的到来，信息技术在教育领域广泛运用，"教书匠"式的教师已经不适应时代的需要。这就要求教师既不能脱离教学实际，又要为解决教学中的问题而进行研究，以教师为本的观念应当转化为以学生为本，自觉让出主角地位，让学生成为主角，充分相信学生，积极评价学生。

1. 让学生真正成为课堂的主人

坑梓中心小学的教师鼓励学生乐学、会学、勤思、善做，让学生真正体会到"我能行"。课堂体现了以人为本的理念，教师把课堂还给学生。语文课上，教师注重朗读的教学，让学生通过多种方式的朗读体会文章的思想，并且特别注重评价，包括生生间的评价和师生间的评价。评价是正面的、积极的，这样既能培养学生的倾听能力，又培养了学生的分析判断能力，大大增强了学生的自信。

2. 教师善于发现学生的闪光点，喜欢用激励性评价

课堂上或是课间听不到教师对学生的训斥，听到的都是表扬和耐心的说教。教师说话轻声细语，犹如春风细雨。课堂上，教师会对表现好的学生提出表扬，而且特别具体。即使是批评，也要讲究语言的艺术，绝不伤害学生的自尊心。

3. 注重培养学生的问题意识

课堂上，教师给学生提问题的时间，让学生自己发现问题、提出问题、分析问题、解决问题。教师还特别注重追问，根据课堂实际对学生进行追问，通过追问让学生真正理解知识。鼓励学生之间互相追问，培养学生的问题意识。在语文课前预习时，学生都会结合课文提出自己的问题，写在书上，然后在课堂中进行交流解决。爱因斯坦说过，提出一个问题比解决一个问题更重要。因此，我们在教学中一定要注意培养学生的问题意识。

二、班级管理

班级是一个小集体，要让学生成为班级的小主人，设立班级小岗位，既可以给学生们锻炼的机会，也可以减轻班主任的负担。人人参与班级管理，形成习惯后，班级的日常工作就会有序进行。我的导师吴红云老师在这方面做得特别好。她的班级分为9个小组，每个小组的成员都有各自的职位，人人参与班级管理，各司其职，团结协作，班风、学风特别好。她的管理经验值得借鉴学习。

三、校园文化

走进坑梓中心小学，就能体会到这是一个充满现代书香气息的校园。早晨，学生会伴着轻快的校园歌曲走进教室。到教室后，如果没有升旗、做操等活动，学生便开始了诵读。读课文、读古诗、读《弟子规》，或者看一些课外读物。班主任结合本班情况，定期开展"经典诵读""讲故事""阅读推广""亲子共读"等活动，为学生搭建展示的平台。另外，每周都会开展丰富多彩的社团活动，培养学生多方面的特长。

四、教科研活动

坑梓中心小学的教师科研意识特别强，有以下几点表现。

1. 同年组可以资源共享

例如共享教学课件、教学设计等，使用后及时进行反思交流。在他们休息的时候，谈论的并不是家庭琐事，而是教学中遇到的问题以及对问题的解决办法。他们每周都会安排一个年级组进行集体教研活动，年级组教师集体备课、听课、评课、议课，促进了教师的专业化成长，课堂教学效果有序、高效。

2. 在坑梓中心小学，大部分教师都有自己的研究课题

教师解决身边的具体问题，针对问题确定研究主题、研究程序及其预期成果等，也有一些教师共同合作研究某个课题。

3. 注重班级建设

各班主任经常在一起研究探讨班级建设的好举措，还经常请专家到校一起研讨，很多班级形成自己的特色。比如，杨翠蔓老师以培养学生的生活素养为抓手，建立了"蜜蜂（2）班"；边蓉老师开展儿童阅读推广，举行了一系列活动，让学生通过阅读推广爱上阅读，做最好的自己；等等。

4. 邀请专家交流

经常请专家到校作讲座，与教师共同研究教学、教育、管理、心理健康等方面的问题；或与其他兄弟学校一起交流，主办一些教研活动；承担市级的研讨活动，比如绘本教学研讨会等，促进学校每位教师的成长。

五、多读书，研读教育教学书籍，关心教育新发展

坑梓中心小学的领导和教师特别喜欢读书，尤其是语文教师，在他们的办公室书架上可以看到各种教育书籍。教师利用课余时间读书，丰富自己的知识，把理论与实践相结合，提高自身的素养和修养。重视培养学生阅读的兴趣，时常举行读书推介、班级读书会。我决定今后一定要多读书，一方面可以把读书的乐趣与学生一起分享，另一方面也培养学生阅读的兴趣，全面提高学

生的语文素养。

六、家校联系，携手共进

在坑梓中心小学，家长参与教育的力度很大。学校成立了家长委员会，每年都会评选出优秀的家长给予表彰。每天早上都能看到家长在校园门口值日，指挥交通；每当学校有什么活动时，家长都会来帮忙。平时教师们也时常与家长沟通，共同配合，使学校每个学生都能感受到来自老师、家长的爱，健康成长。我觉得坑梓中心小学的学生是幸福的！今后我也得加强与家长的联系，让家长们投入到学校的教育中来。

这十几天的跟岗经历将在我的工作生涯中写下不平凡的一页，极大地丰富了我的人生经历。我将努力学习优秀教师的先进经验，不断完善自我，在教师生涯中不断成长！

坑梓中心小学市级继续教育课程顺利开课

为推动深圳教师继续教育工作重心下移，切实发挥好名优特教师的辐射、带动、示范作用，2014年起，市教育局开始实施"深圳市首批中小学教师专业发展基地学校"创建计划。坪山区坑梓中心小学积极参与其中，并成功申报为首批基地学校。2015年，深圳市教师继续教育领导小组办公室开展了基地学校的课程评审，该校张珂老师牵头开发的专业面授课程《小学语文课堂教学目标设定及达成策略》通过了专家组评审，确定为市级继续教育课程，并在"深圳市中小幼教师继续教育网"面向全市小学语文教师组织网上选课工作。

基地学校首门市级继续教育课程正式开课

近日，该课程正式开课，首批报名选修的80多位教师齐聚坑梓中心小学，就"小学语文课堂教学目标设定及达成策略"这一主题进行了学习和研讨。课程由坪山区教科研中心副主任、语文教研员王旭信主讲，他根据新课标就如何正确理解语文课程向学员们进行了解读，并且以三年级上册教材为例，解答了在正确理解语文课程性质前提下如何制定课堂教学目标的问题。最后，他还对学员们提出了五点建议：一要认真再学一遍新课标；二要详细通读一遍小学语文教材；三要科组讨论分解教学目标；四要认真研讨教材；五要注意提升自己的语文基本素质。

坪山区教科研中心副主任、小学语文教研员王旭信在授课

该课程引领语文教师再一次认识和理解了语文课程性质，体会到语文的魅力，对课程的目标制定和解决方面也有很好的借鉴意义。据悉，该课程的其他学习活动也将在近期相继开展。

教师不用离开坪山即可参与市级继续教育培训

五段互动，研培一体

——坑梓中心小学再承办全区教研活动

　　"天冷急入冬，煮茶论英雄。"坑梓中心小学"五段互动式"教师研培一体化研讨会暨市级继续教育基地培训课程开课仪式在多功能厅隆重举行。本次活动由坪山区教科研中心主办，坑梓中心小学语文学科组承办，并邀请龙华区书香小学教研骨干团队共同开展。活动由坪山区教科研中心副主任王旭信主持，坪山区教科研中心主任李显明、书香小学校长聂细刚、全区教研员、中小学校长、教研骨干、小学语文教师，以及来自河南、福建地区的校长、教师共300多人参加了本次活动。

教研活动吸引了各地300多位校长、教师共同参与

　　当天活动分两个阶段进行。第一阶段是承办方坑梓中心小学开发的市级教师继续教育培训课程的开课仪式。区教科研中心主任李显明首先代表市教科院宣读关于通过市首批中小学教师专业发展基地创建评审以及张珂老师主持开发的《小学语文课堂教学目标设定及达成策略》确定为市级继续教育培训课程的文件。李主任同时指出，近几年通过开展形式多样、扎实有效的校本研究，

坑梓中心小学教师快速成长，初步构建了涵盖省市区校、学科结构合理的名师队伍，成效非常明显。希望借助创建基地学校和培训课程开课，进一步发挥辐射、带动、示范作用，引领区内教研发展和教师成长。

区教科研中心主任李显明宣读深圳教科院评审结果文件

叶新强校长在随后的讲话中对市教研院、区教科研中心以及一直以来关心帮助、信任支持学校发展的兄弟学校表示感谢，并表态将认真做好基地的建设，做好课程开发与教学，进一步推动教研发展和教师成长，开展、参与各类教研活动，增进与兄弟学校的沟通交流，促进教学理念更新和教学模式改革，提高教学质量与教学水平，推动学校各项工作提升，为我区教育发展再立新功。

叶新强校长表态将基地作为推动教师发展和促进教学交流的平台

第二阶段的活动由语文学科与书香小学教师团队共同开展"五段互动式"研培一体化教研形式研讨。"五段互动式"研培一体化教研形式包含专家讲座、课例实践、辩课互动、点评提升、研修反思五个环节，具有主题鲜明、互动性强、学用结合、形活效显、操作简便等特点。在宝安区已经进行了较长时间的实践，对宝安教师专业成长产生了积极的影响。后经龙华区书香小学聂细刚校长及其教研团队在国内外多地进行推广，反响巨大。

在第一个环节"专家讲座"中，基地首席专家、市级继续教育课程开发及授课教师张珂做了课程的主题报告《小学语文课堂教学目标设定及达成策略》。他围绕语文教师三重底色、教学目标三个层次、目标达成三个要素等三个方面，分析了当前语文教学的一些现象，并针对当前语文教学中存在的一般问题指出，语文教学要重人文与方法相结合、理解与运用相结合，做到心中有学生、眼里有目标。短短半小时的讲座，语言质朴、平实，认识、见解独到，给在场的教师上了生动的一课，拓展了教师的语文教学视野，受到在场教师的高度评价。

基地首席专家张珂老师做课程主报告
《小学语文课堂教学目标设定及达成策略》

"课例实践"是"五段互动式"研培一体化教研形式的过渡环节，既承接"专家讲座"环节的理论应用，又是下一环节"辩课互动"的内容。本环节由程圣芬老师执教五年级课文《圆明园的毁灭》。

工作室成员程圣芬老师执教研讨课《圆明园的毁灭》

　　"辩课互动"是"五段互动式"教研活动的高潮，在整个活动中最为紧张激烈。在场的八位选手由坑梓中心小学语文教师和书香小学语文教师混合编队，组成正、反两方，针对程圣芬老师执教的《圆明园的毁灭》进行辩论。辩手们唇枪舌剑、你来我往、跌宕起伏，犹如战争厮杀。时而正方抓住机会向前推进，时而反方看出破绽反戈一击。辩手们的精彩表现也让在场观众的心如同坐过山车似的跟着忐忑。辩论期间，现场还开通了短信互动平台，吸引教师参与到辩论中，与辩手们一起享受这场不一样的培训盛宴。

坑梓中心小学、书香小学两校团队进行"辩课"

辩课结束，聂细刚校长作为"点评提升"环节的主评人对以上三个环节进行了点评。聂细刚校长机智幽默，将诗词和网络语言巧妙糅合，现场笑声、掌声不断。在点评过程中，聂校长首先表达了对张珂名师工作室教师团队的感谢，也对张珂老师在讲座中阐发的教学观点表示了认同。他同时提到，坑梓中心小学是坪山区首个市级教师专业发展基地，张珂老师主持开发的课程《小学语文课堂教学目标设定及达成策略》也是坪山区首个通过市级评审的课程，类似的教研活动和相应的继续教育课程势必促进坪山及区域教师的专业发展。

龙华区书香小学聂细刚校长对教研活动做了精彩点评

"点评提升"环节之后，活动主持人给到场教师布置了撰写"研修反思"的要求，"五段互动式"的教研形式得到了完美呈现。在整个活动过程中，参与教师通过短信平台，围绕讲座内容、教学过程、辩课观点与主持人进行现场互动，气氛非常热烈。

最后，区教科研中心主任李显明做了活动总结。他认为，这次研讨活动有很大的意义，给坪山区提供了有益的借鉴，各校可做进一步研讨和移植，进一步促进学校的校本培训、学科教研及教师发展。

聂细刚校长教研团队和张珂工作室教研团队
以及与会领导嘉宾合影留念

深圳市张珂名师工作室揭牌暨启动

2016年4月13日下午，在坑梓中心小学多功能报告厅，深圳市张珂名师工作室正式揭牌启动。仪式由坪山区教科研中心副主任王旭信主持，坪山区教科研中心主任李显明、福田区语文教研员余云德、坑梓中心小学校长叶新强共同参与，全区小学语文教师共同见证。

李显明主任、王旭信副主任、余云德老师、叶新强校长
共同为工作室揭牌

张珂老师是南粤优秀教师、广东省骨干教师培养对象，也是坪山区小学语文学科中唯一的市级名师、学科带头人。

简单而隆重的揭牌仪式后，工作室主持人张珂老师做了简练而精彩的发言。他对坪山区教科研中心领导、学校领导和同行们的支持表示由衷的感谢，并表态将继续提升自己，带动成员积极探索研究，为坪山区教育做贡献，以积极严谨的态度对待名师工作室的各项工作。

工作室主持人张珂老师在揭牌仪式上表态发言

坪山区教科研中心主任李显明对张珂名师工作室的成立表示了衷心的祝贺，表扬张珂老师积极向上、虚心好学、理论扎实、勇于创新的工作精神，并对坑梓中心小学扎实开展教研工作表示赞赏。

坪山区重大教学活动开放暨常规教研组织形式研讨会

坪山区重大教学活动开放暨常规教研组织形式研讨会在坑梓中心小学多功能厅隆重举行。本次活动由坪山区教育科学研究管理中心主办，坑梓中心小学和深圳市张珂名师工作室共同承办，由坪山区教科研中心副主任王旭信主持，坪山区教科研中心主任李显明、福田区教研员余云德、坑梓中心小学校长叶新强以及全区小学语文教师共同参与。

本次活动的主题为"教研活动组织形式研讨"，主要由坑梓中心小学二年级语文教研组围绕"小学语文课堂教学目标设定及达成策略"，以"通过读写结合发展学生的语言能力"为策略，对教研活动的常规模式进行探索。活动分为三个环节。

第一环节为"课例研讨"。由坑梓中心小学杨翠蔓老师执教《丑小鸭》，课后对本课自述5分钟。杨老师教态亲切自然、语言活泼、感染力强，整堂课的氛围轻松愉快，充满了激情与赞赏。

工作室成员杨翠蔓老师执教研讨课《丑小鸭》

　　第二环节为"微观评课"，这是教研形式的重点。二年级教研组边蓉、朱敏、陈彩媚、李丽君、彭文娟、曾洁琴和李伟伶七位老师对杨老师执教的《丑小鸭》一课从课堂设计、教学时间安排、教师评价语言、学生表现等不同角度切入，通过数据进行每人3分钟的微观点评，点评语言精彩纷呈、各有千秋。在本次活动中，为了使在场教师的交流更加便捷，还采取了微信群这种全新的交流方式，教师在群里各抒己见，对微观评课做出评价，参与率很高。

二年级教研组进行微观互动点评

　　第三环节为"点评提升"。福田区教研员余云德对本次教研活动进行了专业点评，语言质朴、平实，认识、见解独到，拓展了教师的语文教学视野，受到在场教师的高度评价。

福田区语文教研员余云德对教研活动进行点评

在全区的重大教研开放活动中，坑梓中心小学呈现的"三步式"常规教研模式得到了在场领导和教师的肯定。从教学型教师转化为研究型教师是时代的趋势，也是现实教学的需求。不断提高教师的专业化发展和转变研究思维，是我们共同的目标。参与教研活动的教师均表示，在本次活动中得到了很大的启发和收获。

活动结束后教研团队合影留念

送教促交流，互助共成长

——深圳市张珂名师工作室、坑梓中心小学名师团队送教到
贵州省黔西县观音洞镇沙井小学

　　为了进一步加强城乡结对帮扶学校的联系，共享优质教育资源，引领教师专业成长，受贵州省黔西县观音洞镇的邀请，2016年4月15日，深圳市张珂名师工作室及坪山区坑梓中心小学名师团队一行8人来到该镇沙井小学开展送培送教活动。

工作室送培送教团队与观音洞镇的教育同人合影留念

　　课堂教学展风采。在活动中，深圳市名师张珂老师执教《小嘎子和胖墩儿比赛摔跤》一课，用生动形象的比喻、机智诙谐的语言开启了学生语文阅读的奇妙之旅；刘传威老师恰如其分的幽默引来了学生和在场教师的阵阵欢笑，学生在轻松愉悦中学习了《分数的认识》一课；陈韵如老师执教《吃瓜果的人》一课，听课教师对学生富有创意的美术作品发出阵阵惊叹、赞扬之声；李科莹老师的《小小的船》一课宛如把学生和听课教师带进了神秘的星空，给人一种心旷神怡、恬静安宁的感受！

张珂老师为贵州省黔西县的学生上课

评课研讨促成长。课堂教学结束后，四位执教老师与听课老师进行分组评课研讨活动。大家一致认为四位教师的课充分体现了不同学科的教学特点和年级特点，他们的教学风格给大家留下了深刻的印象，也给贵州省黔西县的教师带来了一次教学观念的洗礼。

张珂老师与贵州省黔西县的教师共同探讨语文教学之道

交流互动增情谊。评课结束后，教师齐聚一起交流互动。沙井小学乔兴国校长对此次活动表达了由衷的感谢，坑梓中心小学谢勇军主任表示要多创造机会搭建类似这样互动交流、共同成长的平台。此次活动中，张珂名师工作室和坑梓中心小学共同为沙井小学的学生送去了300多套课外书籍，丰富了学生的课外阅读。

深圳名师团体为贵州的学生送去300多套课外书籍

此次送教交流活动展示了坑梓中心小学名师的风采，更为坑梓中心小学与贵州黔西县师生的交流架起了一座桥梁，为山区教育的发展起到了良好的推动作用！

深圳的教师与贵州的学生手牵手，跳起了当地苗、
侗两族的民族舞蹈

广东省小学语文教学专业委员会副会长桑志军教授亲临指导张珂名师工作室教研活动

　　寒潮席卷南北大地，深圳被迫入冬，许多人不得不换上沉重的冬装以抵抗突如其来的"冷面杀手"。深圳市坪山区坑梓中心小学的多功能报告厅却人声鼎沸、暖意十足，这里正在进行一场别开生面的专题教研活动，由深圳市张珂名师工作室主持的市级继续教育培训课程《自为课堂下小学语文目标的设定与达成策略》继续开课。本次课程特邀张珂名师工作室导师、广东省小学语文教学专业委员会常务副会长、广东省第二师范学院中文系主任桑志军教授作主讲嘉宾，大家彼此专注，给深圳的初冬增添了几分春意。

工作室承担的市级继续教育培训课程继续开课

　　活动共分为两个环节。第一个环节由张珂名师工作室成员、青年教师付薇执教《"精彩极了"和"糟糕透了"》。在课堂上，教师风趣幽默，学生自信表达，在感恩节前夕共同感悟了来自父母浓浓的爱意。课后，付老师还阐述了自己的教学设计思路，对自己的课例进行了自评。

工作室成员付薇执教研讨课《"精彩极了"和"糟糕透了"》

第二个环节是专家点评。桑教授结合付老师的课例，做了题为《文本解读与教学内容的选择》的讲座。讲座围绕"文本解读"和"目标设定"两个主题，从编者意图、教师理解和学生学习需要三个维度，阐述了教师应该如何有效利用文本，为课堂服务，为学生学习服务。

**桑志军教授结合课例做《文本解读与教学内容的选择》的
主题讲座**

在培训课程结束后，桑教授与工作室成员进行了座谈，交流了语文教学中应该注意的问题和细节，也对工作室及全体成员提出了更高的要求和殷切的希望。

工作室导师桑志军教授、石景章老师和工作室成员合影

桑志军教授对工作室建设和教师专业发展进行专项指导

同课异构，共同成长

——张珂名师工作室组织青年教师课堂教学研讨活动

为进一步提高教师的教学技能与水平，加强教师间的交流，张珂名师工作室组织青年教师"同课异构"教学研讨活动。研讨主题是"低年级寓言教学——寓教于乐"，坑梓中心小学何雍彦老师和龙田小学付薇老师围绕《守株待兔》这一课例进行了教学切磋。

何雍彦老师的仪态自然大方，又不失俏皮幽默。课堂教学一开始就像磁铁一样紧紧地吸引了学生，激发了学生学习的兴趣，使学生很快进入课文的内容中、进入创设的情境中。

工作室成员何雍彦老师执教《守株待兔》，极具亲和力

在课堂上，何老师灵活运用评价语言，鼓励学生、贴近学生。如"你真棒""你真是个有爱心的孩子""你想得真全面"等，充分调动了学生的学习热情。在最后"你想对种田人说些什么"的师生互动环节中，何老师戴上草帽，化身课文中的种田人，机智反问学生，语言俏皮幽默。学生也受到感染，巧用板书，愈发动情地用道理说服老师，回答准确、贴切，有说服力。这样的

教学设计既克服了传统教学烦琐的分析和空洞的说教，又吸引了学生的注意力，使学生能够积极主动地参与课堂学习活动。

付薇老师是借班上课，虽然与学生是第一次接触，但极具亲和力的语言使她迅速和学生打成一片。

"宝贝，你再想想。""宝贝，你回答得真好！""宝贝，你真是个小吃货。"在付老师极富感染力的语言鼓励下，学生积极参与到课堂学习当中。在课堂上，学生大胆想象、准确表达，他们的表现让在场的教师赞叹不已。

工作室成员付薇老师执教《守株待兔》，富有感染力

课后，张珂老师组织大家认真进行反思。他从教材解读、教师掌握、学生参与、教学过程、教学效果等几个方面评析课例表现的优点和亮点，并给出了建议。在场的教师也纷纷发表见解，对个别教学问题提出自己的困惑，张老师也一一做了解答。

此次活动除工作室成员及本校教师外，还吸引了片区周边学校的青年教师共同参与。"寓教于乐"，"教"是教学、教育，"乐"是乐趣、兴趣、意趣、情趣。把教学活动放到学生的潜能和学习的原动力上，让学生最大限度地感受到学习过程中的乐趣，努力提高自己的文化素养，促进其知、情、意的全面发展。只有真正把课堂的自主权还给学生，才能得到好的教学效果。

工作室成员与区青年教师成长共同体成员共同参与研讨

坪山区首个市级教师专业发展基地
落户坑梓中心小学

2017年4月26日下午，坑梓中心小学举行了深圳市中小学教师专业发展基地学校揭牌仪式。仪式由坑梓中心小学教师发展中心主任张珂老师主持，深圳教科院教师发展研究中心主任熊冠恒、教授张素蓉，以及福田区教科院正高级教师张玉彬、坑梓中心小学校长叶新强共同参与，全校语文教师共同见证。

熊冠恒主任、张素蓉教授、张玉彬老师、叶新强校长、
张珂老师共同为基地揭牌

首先，张珂老师简单介绍了深圳市中小学教师专业发展基地的发展历程。接着，坑梓中心小学叶新强校长为揭牌仪式致辞。叶校长表示，希望借助这个教育平台能够促进教师的专业发展，引进更多的优质资源，促进学校的发展。

坑梓中心小学校长叶新强在揭牌仪式上致辞

深圳教科院主任熊冠恒对坑梓中心小学成为深圳市中小学教师专业发展基地学校表示衷心的祝贺，并做了精彩的发言。熊主任点评了深圳市中小学教师专业发展基地的发展现状，他强调三个要点：第一，教师专业发展要加强基地硬件条件、设施、规章制度的建设；第二，要加强优势学科的团队建设，构建"专家+名师+骨干教师"的模式；第三，创新继续教育的模式和方法。

熊冠恒主任对坑梓中心小学成功创建深圳市教师专业
发展基地表示祝贺

张珂老师总结勉励，希望各位语文教师不断提升自己，积极探索研究，为坪山区教育做出贡献。

张珂老师介绍基地的创建过程，并做表态发言

一样的《刷子李》，不一样的"刷子李"

张珂名师工作室组织坑梓中心小学和龙田小学共同开展《刷子李》"同题异构"语文教学研讨活动，分别由坑梓中心小学程译萱老师和龙田小学付薇老师执教。龙田小学副校长姚小立、工作室主持人张珂老师及两校全体语文教师参加了本次活动。

本次"同题异构"活动的课题是五年级下册的《刷子李》。坑梓中心小学程译萱老师以回顾课文所在单元中的几个人物、理解课题的意思导入新课，引导学生分析表现"刷子李"技艺高超的句子，教学细节描写和侧面描写两种人物的描写方法，并将课文的所出之处《俗世奇人》这本书带进课堂，激发了学生阅读此书的强烈愿望。

工作室成员程译萱老师执教《刷子李》，注重人物细节描写

龙田小学付薇老师以带学生理解书名《俗世奇人》导入新课，课堂中处处体现付老师对学生的关注和对学习习惯有意识地培养。付老师对学生自主学习和小组展示汇报的训练给听课教师留下了深刻的印象，学生表达能力之强、神态之自信大方令在座的教师啧啧称奇。

工作室成员付薇老师执教《刷子李》

　　课后，听课教师展开了热烈的研讨，在肯定两位执教老师严谨的教学态度、扎实的基本功的同时，针对课堂教学交流了自己的看法。姚副校长和张珂老师从宏观的角度对两位教师的课进行了总评，并提出了改进的建议。

龙田小学副校长姚小立和工作室主持人张珂老师分别
对课例进行点评

基地课程再上线

——"绘本创意教学"开课啦

坪山区坑梓中心小学作为深圳市中小学教师专业发展基地，以开发的市级继续教育课程和市级张珂名师工作室研讨活动为载体，近两年已面向全市开展继续教育培训8场，累计培训小学语文教师近2000人次。在2017年上半年，经过申报、初审、公示等层层环节，由市级名师张珂老师带领的工作室团队新研究开发的《小学绘本创意教学》和《小学语文课堂教学过程设计策略》两门课程通过评审，成为市级继续教育课程。至此，坑梓中心小学开发的市级继续教育课程已达四门。

2017年9月，这两门课程在深圳市中小幼继续教育网上线，面向全市教师进行选课，累计选课300余人，覆盖全市10个区。虽然课程定位于小学语文，但选课教师中却出现不少中学、幼儿园以及英语、科学学科的教师。可见，该校作为市级教师专业发展基地，语文作为基地的优势学科，在前期的研究和成果推广中得到了广泛认可。

10月11日下午，《小学绘本创意教学》的第一次培训课在坑梓中心小学多功能报告厅举行。活动出张珂名师工作室组织，分为绘本教学课、微观评课并互动点评、阅读方式推广、现场点评等四个环节。

第一环节绘本教学中，李伟伶老师以《鼠小弟的小背心》为例进行了绘本示范教学。她充分调动学生的积极性，通过巧妙的语言、灵活的设计带领学生一步步走进《鼠小弟的小背心》的故事中，使他们深刻感受到分享的快乐。

工作室成员李伟伶老师执教绘本课《鼠小弟的小背心》

第二环节微观评课并互动点评中，李伟伶老师先阐述了自己的教学设计，接着教研组李月云、李紫薇、范一茜、黄静文四位教师通过"微观研学"的方式，从学生学习、学生展示、教学设计、教师引导四个角度对李老师的课例进行了点评，对她教学中以学生为主、充分调动学生积极性、珍视学生独特感受的教学方式表示肯定，并提出了使教学更完善的宝贵意见。

李伟伶老师进行教学陈述后，教研组通过"微观研学"
的方式进行互动点评

第三环节阅读方式推广中，基地授课教师谭俏娟从为人师、为人母的角色出发，做了《如何进行亲子阅读》的主题讲座，分享了自身班级共读、亲子阅读的做法和体会。

基地授课教师谭俏娟做《如何进行亲子阅读》的主题讲座

第四环节现场点评中，基地首席专家、深圳市名师工作室主持人张珂老师从"就课论课""就绘本议阅读""就阅读谈成长"三个方面向参训教师阐述了绘本教学、阅读培养、阅读对学生成长影响的主要观点。

张珂老师结合课例及讲座，阐述有关阅读的主要观点

秋天硕果累累，相信在这场绘本教学的收获之旅中，会使大家获益不少。然而这只是开始，接下来的培训课程还会给大家带来怎样的惊喜呢？

让我们拭目以待吧！

基地课程联动鹏城

——张珂名师工作室再举办别开生面的微观研学活动

继市级继续教育课程《小学绘本创意教学》开课后，市内广大小学语文教师再次相聚我校，共同研学《小学语文课堂教学过程设计策略》。这次课程研学活动由深圳市张珂名师工作室举办，共分为三个阶段。

市级继续教育课程《小学语文课堂教学过程设计策略》开课

第一阶段，工作室青年教师黄雅丽以《慈母情深》为例进行了教学展示。她通过回顾《游子吟》导入新课，采用"拍摄电影镜头"的模式串联课堂，抓住学生好奇、求新的心理，吸引了学生的眼球。整个教学过程并然有序，学生学习兴趣浓厚。通过阅读、思考、朗读、分享，学生体会到母亲对"我"的慈祥和深深的爱。

工作室成员黄雅丽老师执教研讨课《慈母情深》

　　第二阶段为微观评课。黄雅丽老师首先对自己的教学设计进行了阐述，接着闫彬彬、郭冠卿、杨翠婷、温锦莲四位老师分别从教学目标的确定与实现、课堂组织、学生表达、学生课堂参与度与情感体验等四个方面对黄老师的课进行了点评，对她能够明确及有效实现教学目标、尊重学生的主体地位、与学生平等交流、尊重和欣赏学生个性化的阅读体验和朗读方式、培养学生阅读理解和欣赏评价的能力、给予学生更多的表达机会、激发学生的兴趣和提高参与度等方面给予了肯定，并提出了完善课堂教学的宝贵意见。

观课教师围绕课例进行互动点评

　　第三阶段，坪山区教科研中心副主任王旭信对此次课程的研学活动能通过微观、多维度进行评课的研修方式表示了肯定。他用郑板桥所题的书斋联"删繁就简三秋树，领异标新二月花"来评价黄老师这堂课的教学目标设计和教学技巧使用，对能够明确和简约教学目标、采用"拍摄电影镜头"的教学模式给予了高度评价。另外，他还面向全体参与教师谈了设计与实现教学目标的一些方式、方法。

王旭信副主任对课例及教研活动高度评价

两个小时的微观研学研讨活动如白驹过隙。这次课程及其内容的创新性、先进性和实用性想必是金秋十月里的又一硕果，让大家特别是青年教师受益良多。品尝这一硕果后，大家是否有果香沁脾、心旷神怡、醍醐灌顶的感受呢？

细听名师课，深悟语文美

——张珂名师工作室培训课程小记

"听石老师讲《搭石》喽！"2017年11月29日，由张珂名师工作室开设的市级继续教育课程《小学语文课堂教学过程设计策略》再次火热开课。这是深圳市教师专业发展基地的培训课程，是本学期选修的最后一次课，选课教师如约而至，齐聚坑梓中心小学报告厅。此次授课，张珂名师工作室特别邀请了知名教师、深圳市小学语文学科带头人石景章老师亲自上课。

石景章老师执教《搭石》

石老师让学生紧紧围绕"据题质疑读懂文章"的目标展开学习。学生根据课题思考质疑，提出了"为什么叫搭石""人们怎样搭石""人们怎样过搭石"三个问题，并根据这些问题自主开展学习，充分感受《搭石》课文中蕴含的风景美与心灵美。石老师特别注重学生表达能力的培养，主张让学生"说自己的话"，多次强调用自己的话来回答提问。纵观整节课，教材处理干净利落，环节简单有效，板书清晰扼要，真是一节质朴无华的好课。

工作室主持人张珂老师结合这节课，向听课教师介绍了这门继续教育课程的主要内容，提醒教师要好好地阅读教材，通过语文课堂提高学生对语言文字的理解和应用能力。课后，石老师还结合多年的教学实践，向青年教师提出三点建议：一是在教学目标的设定上一定不能随意，要根据课程标准、学情、教材等三大要素来设定教学目标；二是慎用、少用小组合作学习，把合作学习方式转变成自主探究；三是提升教学素养，充分发挥板书的作用，为学生的学习服务。

张珂老师结合课例细谈如何阅读教材和利用教材

在这次继续教育学习中，石老师带给大家很多思考，他扎实的教学基本功、高超的教学艺术值得青年教师好好学习和借鉴。听课教师戏说石老师是"二无"教师——无课件、无麦克风，但其内在则是有目标、有策略、有态度的"三有"教师！两个多小时的课程结束后，留给大家更多的是思考和实践。

**石景章老师结合课例与年轻教师漫谈教学之道、
教师成长之道**

　　回顾张珂名师工作室开设的每一门课程，都能给青年教师带来很大的启发，是青年教师成长过程中宝贵的精神食粮！课程虽然结束了，但也怀着更多的期待，期待下一次的课程能带来更多的精彩！

我们带你一起阅读绘本

绘本是开启学生阅读心灵的一把钥匙。恰逢"世界读书日——全民阅读"和坑梓中心小学"亲近诗文，畅游书海"主题阅读活动期间，张珂名师工作室开发的继续教育专业课《小学绘本阅读教学策略研究》面授课继续开课。为了进一步营造阅读氛围，引导亲子共读，此次特邀学生家长前来观摩聆听。活动分为课例展示、微观研学、专题讲座三个环节。

范一茜老师以绘本《我有友情要出租》为例进行课堂教学。在课堂上，范一茜老师从仔细看、大胆想、清楚说三个方面来引导，以训练语言表达、玩乐中明白道理为目标，用创设情境和游戏、音乐的方式引导学生快乐阅读、快乐学习。本次课堂，范一茜老师既实现了尊重故事、不讲道理，又达成了让学生明白"朋友就在身边，交朋友要主动"的目标，真可谓巧妙至极！

范一茜老师执教绘本课《我有友情要出租》

"微观研学"环节，范一茜老师对自己的绘本教学设计思路进行了阐述，朱敏、李伟伶、林丽霞、曾洁琴四位老师分别从学生的参与情况、课堂提问设计、教师的引导、教学目标的达成等四个方面对范老师的课例进行了点评。

教研组以微观研学的方式对课例进行剖析，并进行互动点评

　　坪山区小学语文学科带头人、坑梓中心小学教科室罗建婵主任给大家带来了一场题为《带上绘本，我们一起出发》的主题讲座。讲座通过"阅读推广为什么选绘本""怎么用绘本""如何共读"等主题，让教师和家长们认识到绘本阅读和教学的重要性，以及在亲子共读过程中绘本扮演的角色。

罗建婵主任结合课例，进行了《带上绘本，我们一起出发》的主题讲座

以绘本为灯，点亮阅读之路

深圳市继续教育专业课程《小学绘本阅读教学策略研究》第二次面授课在坑梓中心小学开课！这次授课组特别邀请了深圳市龙岗区如意小学胡红梅儿童阅读工作室的林和柳、胡丹两位老师来为学员进行示范和讲解。活动由张珂名师工作室承办，分为课例教学和专题讲座两个环节。

张珂名师工作室与胡红梅儿童阅读工作室联合开课

第一环节，胡丹老师给三（8）班的学生上了一节精彩的绘本课《要是你给小老鼠吃饼干》。上课伊始，胡老师从玩套娃入手，通过灵动的课堂教学和环环相扣的设计，不单让学生读懂了绘本《要是你给小老鼠吃饼干》，还能编写出充满规律美、节奏感的儿童诗。本课目标明确、生动有趣，极大地调动了学生阅读绘本的兴趣。

胡红梅儿童阅读工作室成员胡丹老师执教绘本课
《要是你给小老鼠吃饼干》

　　第二环节，由林和柳老师进行《绘本讲述策略》的主题讲座。林老师从"阅读带给儿童什么""读什么好""什么是绘本""绘本阅读的讲述策略"四个方面阐述绘本的学习方向与策略，让在场的教师和家长了解绘本阅读的重要性，指明阅读教学的前进方向，并以《点灯的人》一诗结束了本次课程。

胡红梅儿童阅读工作室成员林和柳老师与参训教师分享
《绘本讲述策略》

　　愿绘本阅读这盏明灯点亮学生七彩的童年、点燃学生学习的梦想，让师生轻松愉悦地踏上绘本阅读的幸福之旅。

语言文字运用理念下的诗词教学

—— 教师继续教育专业课程第四次面授课开课

　　由坑梓中心小学语言文字运用教学研究课题组和张珂名师工作室共同承办的深圳市继续教育课程第四次面授课在坑梓中心小学开课。此次研讨的主题是"基于语言文字运用层面的小学古诗词教育"，特邀全国小学语文十大青年名师、东莞莞城中心小学彭才华老师为大家开讲。

　　彭老师做了《基于语言文字运用层面的小学古诗词教育》的讲座。讲座中，彭老师先和参与培训的教师审视了现在小学古诗词教学的现状。分析中我们发现，当下的小学古诗词教育存在深、浅、死、错四类教学误区。基于这样的现状，彭老师引导大家在教授古诗词的时候回归到"小学"和"古诗词"两个关键词，从新课标出发，重视培养小学生对古诗词的想象力、体验和兴趣。

**彭才华老师与张珂名师工作室成员分享《基于语言文字运用
层面的小学古诗词教育》主题讲座**

　　彭老师结合课例《渔歌子》，向参与培训的教师介绍他的十六字古诗词教学法：字字落实——感受诗词声气之美；朗朗上口——品味诗词音律之美；历历在目——想象诗词意境之美；津津有味——体会诗词意蕴之美。

彭老师结合课例，和参与培训的教师共同分享古诗词教学的经验心得

最后，彭老师和参与培训的教师进行了交流。有的教师说了自己的听后感受，也有教师分享了自己执教《渔歌子》的心得，还有教师提出如何提高朗读水平，彭老师均一一做了回应。活动在热烈的气氛中结束。

工作室成员与彭老师合影留念